給凱倫（Karen）和吉恩（Jeanne）

信念再思叢書

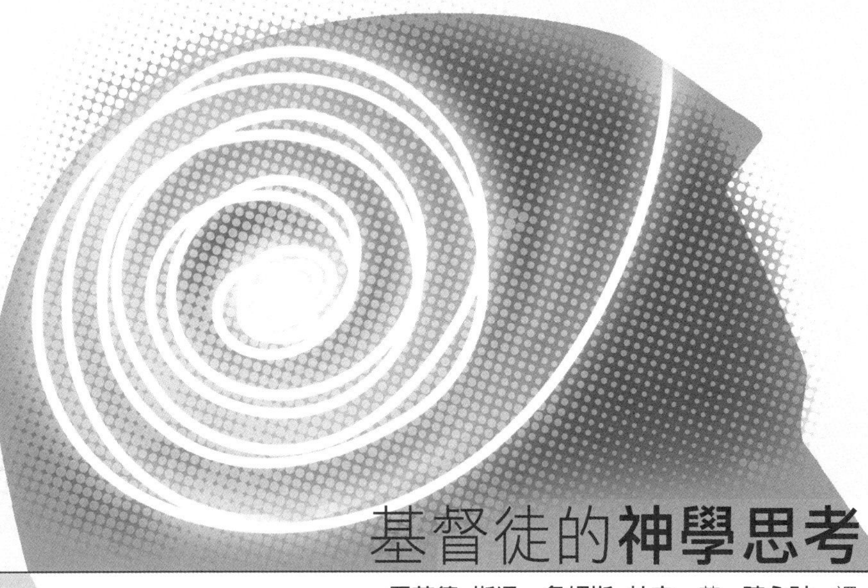

基督徒的神學思考

霍華德·斯通、詹姆斯·杜克 著 陳永財 譯

▼

信念再思叢書

基督徒的神學思考

How to Think Theologically

作者
霍華德．斯通 Howard W. Stone、
詹姆斯．杜克 James O. Duke

譯者
陳永財

責任編輯
羅慧琪

裝幀設計
奇文雲海．設計顧問

■

出版 / 發行
基道出版社
香港沙田火炭坳背灣街 26 號富騰工業中心 10 樓 1011 室
LOGOS PUBLISHERS
Unit 1011, 10/F, Fo Tan Ind. Centre, 26 Au Pui Wan St., Shatin, Hong Kong
電話：(852) 2687-0331　傳真：(852) 2687-0281
網址：https://www.logos.com.hk

承印
海洋印務有限公司

●

11/2007 初版
Cat. No. LP627B
ISBN: 978-962-457-341-1
Original Edition "How th Think Theologically, Second Edition"
Published by Fortress Press

Printed in Hong Kong

刷次	13	12	11	10	9	8	7	6	5	4
年份	2032	2031	2030	2029	2028	2027	2026	2025	2024	2023

第二版序

事實證明，並非只有我們想到可以怎樣神學地思考。事實上，《基督徒的神學思考》初版收到的回應令我們驚訝。博士生研討會的學生、神學院一年級的學生和很多教會的信徒都與我們聯絡，他們都對更認真地思考自己的信仰感興趣。興趣的廣泛程度和使用過這本書的人數都令人興奮。我們要感謝過去的所有讀者，也歡迎那些開始實行神學思考的人——或者至少是開始閱讀我們的書的讀者。

對《基督徒的神學思考》的良好反應容許我們修訂這本書。甚麼？你可能說。人們過去十年神學地思考的方式改變了嗎？實際上沒有——但我們向周圍的世界講述我們信仰的方式總是流動的，因為世界在不斷改變。預備一個修訂本給我們機會作出一些改動，包括加入一些我們在初版沒有提到的內容，以及將一些個案研究更新。我們要感謝很多與我們分享他們的意見和問題，從而幫助將這本書變得更好和更全面的人。

這一版有甚麼不同？首先，我們增加了一章。我們在第8章想說更多話，所以將它分為兩章（以前的第8章現在成了第8和第9章），每章都增加了內容。其次，由於好些讀者問接下來應該閱讀甚麼，我們加上了「進深閱讀」的部分，幫助讀者挑選。第三，我們對第5到第7章的三個評斷練習的討論作出了一些改動。你們的評語幫助我們明白我們在初版沒有說一些應該說的話，需要在這一版補充。第四，我們更新了註釋中的書目資料。第五，我們重寫和更新了幾個個案研究。最後，我們擴充和修改了結尾的詞彙表。

在這個後九一一時代，基督徒比任何時候都更需要健全的神學思考。當二十五萬人死於一次自然災害（正如二○○四年底在東南亞的海嘯中見到那樣），非洲每年有三百萬人死於愛滋病，數以百萬計的人因為普遍的飢餓和貧窮而受苦，而戰爭繼續將世界撕裂時，我們必須以我們的信仰來影響我們每天的大小決定。我們怎樣神學地思考會帶來分別。那是我們見證我們信仰的一種方式。

所有基督徒都是神學家。我們在書中一再這樣說。《基督徒的神學思考》提出一個過程，讓基督徒可以將信仰連繫到日常經驗。這本書提出一個進行這個每天都要進行的任務的方法，以致我們神學思考的結果不會太混亂，也可以更小心。

我們想多謝好些在這本書中給我們幫助的人：我們的太太凱倫（Karen）和吉恩（Jeanne）首先催促我們寫這本書；布賴特神學院（Brite Divinity School）和德薩斯州基督教大學（Texas Christian University）給我們教席和機會繼續試驗我們對神學地思考的觀念；我們在福澤斯（Fortress）的編輯韋斯（Michael West）在兩個版本的寫作過程中給我們鼓勵和協助；最後還有教會、大學和神學院所有那些每天思考神學的基督徒。再次多謝你們仁慈的意見，令《基督徒的神學思考》這個修訂版得以面世。請繼續給我們卡和信件（以及電郵）。

我們特別感謝德薩斯州聖安吉洛（San Angelo）第一基督教會的主任牧師休伯特（Rev. Ben G. Hubert）。他仁慈和很幫忙地替《基督徒的神學思考》寫了一個經過深思的研讀指南。大學、神學院或教會的讀者都可以從休伯特對這本書的主要觀念和段落那些明智的啟發中得益。我們邀請讀者在fortresspress.com參考休伯特的研讀指南。

初版序

我們有些同事可能以為我們只是喝咖啡和到外面吃東西。我們第一次合作——《關心的基督徒》(*The Caring Christian*)—— 始於喝咖啡的休息時間。現在這本書的來源可以追溯到一九九〇年一個星期五黃昏在沃思堡(Fort Worth)南面的一間細小餐廳。我們兩人正在跟我們的太太一起享受希臘菜和討論一個我(霍華德)幾個星期前問吉姆(編按:即詹姆斯的暱稱)的問題:你怎樣教導學生神學地思考?你建議甚麼過程,幫助他們將神學連繫到他們的日常經驗中?

這件事在我們四人中引發充滿生氣的討論。我們討論對工作世界的日常事件、個人生活、婚姻和家庭關係、社會或公共政策中的事件——甚至在教會——神學地思考的困難。

我們指出神學院教授經常促請學生對各種問題，例如：按立的意義，教會的目的，墮胎或者世界性飢餓，給予神學回應。而回想起上次學系的會議時，我們開始想，我們這些教授對現時迫切的問題究竟能夠給予多好的神學回應。我們要求學生神學地思考，但卻往往沒有就怎樣有效地這樣做給他們明確的指引。頗為可能的是，我們有些人以頗為隨意的方式進行自己的神學思考。

我們在霍華德家裏喝咖啡（那間餐廳莫名其妙地把咖啡賣光！）時繼續討論下去。吉恩（吉姆的太太）自己也是神學院畢業生。她說：「你們兩人已經合作過；為甚麼你們不寫一本關於這個題目的書？」凱倫（霍華德的太太）曾經寫過關於解釋藝術品的書。她也附和吉恩的提議。我們兩人都笑起來，並且轉換話題。兩位太太再次提出那個建議。最後我們開始認真考慮這個想法。在醞釀了一段時間後，結果就呈獻在你眼前。

《基督徒的神學思考》始於單因為基督徒是基督徒，所有基督徒都是神學家這個假設。問題不是你是否神學家——你就是！——而是考慮到基督教信仰時，你的神學思考結果有多適切。

這本書沒有提出系統神學，也沒有提議研究神學的惟一方法。相反，它提出一個框架去進行持續的神學思考。我們希望身為讀者的你會得到信心自行進行神學思考。我們的建議是幫助你在真實的生命處境中神學地思考，同時幫助你回應其他神學家，將他們的思想融入你自己的傳統、處境和經驗。負責任的神學家受環境和事件引導，但卻不被它們擺佈。負責任的神學家受到信仰的歷史主題的研究，聖經和傳統，崇拜和在世界中投身服事引導。

我們提出的建議由兩種常見的技巧連結起來，就是**聆聽**和**提問**。聆聽涉及容許新資料進入的積極等候，預備好感到驚訝，並對聖靈的光照保持開放。提問是對自滿——那是對舊答案和先入之見感到滿足的危險——的糾正。我們對自己昨天的答案提出新的疑問，藉以接受新處境和新洞見。聆聽的目的是接受；提問的目的是誠實。這本書討論的所有神學思考的輔助，都是要和這聆聽及提問之間的來回往復一起應用。這個過程的最終目標是使我們的神學理解變得成熟。我們聆聽和提問，最終將事情連在一起，帶出結論，在我們的信念陳述中提出，並在我們的行動中實現。這些結論是信仰的重要決定，是在實際意義上被牢牢持守的。不過，在另一個同樣真實的意義上，它們總是臨時性的，在我們的信仰旅程中隨時會接受再測試。思考的週期繼續下去。我們探究和等候，提問和接受，決定和行動。

我們想多謝好些人幫助形成和改善這本書。首先，我們必須感謝凱倫和吉恩；如果沒有她們的催促，這本書根本不會出現。她們不單提議我們寫這本書，也讀過幾份手稿，提出批評。我們也想多謝本內（Robert Benne）、布朗靈（Don Browning）、哈姆林（Sue Hamly）和斯普林克（Stephen Sprinkle）在百忙中抽時間閱讀本書的手稿，並提出意見。我們也要多謝布巴（Shirley Bubar）幫助我們準備手稿。合作有它的危險，其中包括將兩種風格和觀點結合起來的危險。（在這方面，請恕我們將神學家比作雪花；無論我們意見多麼一致，都沒有兩個人是一樣的。）我們十分感激這些讀者合作幫助我們清楚地，並以一個聲音說話。

目 錄

導 言

很可能你是神學家。

如果你實踐你的宗教，根據你的基督教信仰而生活，甚至認真看待生命的屬靈面向，你便無可避免地是神學地思考。

這是基督徒生命一個簡單的事實：他們的信仰令他們成為神學家。無論刻意與否，他們都根據對存在的神學理解思考——和行動，而他們的信仰要求他們盡他們所能成為最好的神學家。

你可能說：「我不是。我相信別人教我的東西，但我沒有得到裝備進行神學思考。或許我甚至對神學並非十分有興趣——對我來說，神學是為學者、哲學家、教授和哲學博士而設的學科。」

這種回應是可以理解的。很多人都認為神學是單為專家而設的領域，對普通信徒和他們的牧者的日常關注來說，實在太艱深。這個印象部分是因為他們接觸到的神學著作和演說都令人討厭。他們說：「如果這就是神學，它就不適合我。」

這樣說，這論點是那麼誠實和那麼適合，我們不會反駁，即使我們能夠。即使這樣，我們仍然堅持一個由來已久的信念：基督徒受洗時，便進入他們都分有的事奉，回應上帝賜下的呼召，透過他們的言行揭示福音（上帝關於耶穌基督的好消息）。他們的呼召令他們成為信仰的見證人，因此也成為神學家。這是因為他們在日常生活中所作的見證帶出他們對基督教信仰的意義的隱含理解，以及依從另一個由來已久的信念——由於基督教神學的根源是關乎信仰尋求理解。

教會和教會成員生命的每一方面都是神學見證。基督徒與周圍的事物關連的獨特方式，他們與別人和世界交往的風格，也是神學見證。即使他們逃跑，在某個遙遠的加拿大森林居住（有時這種景色可能對很多人來說顯得吸引！），那個決定本身也是神學決定。同樣，他們關於自己在荒野的生活方式所作的決定——怎樣在樹林、湖泊和動物中生活——也代表他們對上帝的創造的理解。**成為基督**

徒就是成為神學家。沒有例外。

我們的信仰同時是神的恩賜和人的回應；神學是那人的回應不可或缺的部分。神學是尋求理解——根據基督徒因為他們的呼召而投身的信仰來思考生命的過程。在這本書，我們邀請基督徒思想一下這樣從事神學。第1至第3章勾畫基督徒怎樣和為甚麼從事神學，他們這樣做時有甚麼事情發生，以及他們從哪裏找尋知識和支持。第4至第7章討論神學方法，並提出三個評斷練習，供那些由信仰帶領，承擔神學任務的人考慮。第8章提到神學作為羣體中的批判性探究。第9章處理支持我們整個神學事業的屬靈操練。

我們會專注於神學地思想的過程，以它其中一個最為人熟知的名稱來稱呼它——**神學思考**（theological reflection）。我們會好像神學家經常做的那樣，提出神學思考是一個過程，在很多方面都好像工藝一樣；[1]涉及處理不同材料或資源，應用某些可以藉著專注和實踐用時間學習和磨練的技巧。由於我們確信所有基督徒都是神學家，我們的目標只是幫助他們在沿途走得更快。

我們希望平信徒和神學院學生可以在這裏找到一個神學思考的方向，是可以即時應用，並隨著時間建立起來的。我們會指出神學寫作一些最常見的問題和詞彙，並描述從事神學的一個直接方法。接受了按立的牧者很可能已經接受過一些神學訓練，他們可以在這裏找到一個重溫的課程，對於他們繼續從事的神學工作給予好些建議和鼓勵的話。

我們以**從事**（doing）神學為焦點，令這本書和大部分神學入門書籍或神學的流行論述不同。坊間有很多這類書籍。它們通常研究基本的基督教教義，過去的主要人物或運動，或者現在的問題和趨勢。我們所選用的進路並不取代這些著作。沒有甚麼可以取代對學有所長的神學家的研究，即使閱讀他們的著作可以是相當艱難的工作。更重要的是，吸收神學明星的表現並不一定令讀者可以照樣做。由結果開始可以令過程顯得比實際更嚇人和更難應付。

雖然這樣說，我們承認這樣介紹神學也有它嚇怕人和難以應付的方面。我們至少需要提出幾條免責條款。首先，我們沒有講述所有需要講述的話，甚至沒有講述如果我們要寫一本關於這個主題、更長和更詳細的書會講述的話。而且，我們說的話有屬於我們自己的強調和著重。因此，例如雖然哲學和所有世界宗教都有神學思考，我們提到神學思考（和神學及神學家）時，都只限於基督教領域，除非特別聲明。在這個領域內，我們將主要的舞台交給教會神學——基督徒考慮信仰、教會事工和基督徒生命的神學思考。而雖然我們嘗試用很概括、靈活和非黨派的用語描述怎樣從事基督教神學，但我們使用的語言肯定不是無所不包或全然中立的。我們假設——正如我們相信神學家總應該那樣——我們的話可以被背景和神學與我們不同的人擴充、質疑、糾正，甚至指摘。而雖然我們在這裏一致地說話，我們兩人在神學上也並非全然意見一致。

神學思考

由於神學思考可以是要求相當高的工作，神學家往往在平和及安靜中單獨工作。學者在圖書館工作，牧師則在書房工作。教會舉行退修會，讓會友可以離開日常生活的繁囂，默想和討論他們的信仰。基督徒早起或遲睡，留時間給自己讀經、祈禱和默想聖言。

但認真地思想基督教信仰的意義，可以也確實在任何地方進行。這思想在談話、崇拜、經過生命的危機、留意最新的新聞、工作、花時間娛樂時出現。無論神學思考在何處或何時出現，它都不單是個人的，而且也是互動、對話和與羣體有關的過程。我們聽到別人的聲音。有些聲音好像聖經作者的聲音一樣，來自多個世紀以前的文本。另一些則是我們同時代的人發出的。還有一些則是我們自己的聲音。

這些不同聲音給我們材料進行思考，得到聆聽、辯論、改進或被視為沒有幫助而擱在一旁。

進行神學思考就是加入與別人的持續談話，這談話遠在我們未加入前已經開始，而且在我們死後很久還會繼續。明白神學是持續的談話，對大部分神學家來說都是一種安慰。不是由你或我或任何人發明基督教神學，控制它，或者甚至完善它。我們只是蒙召根據自己的身分和所處的位置，盡自己最大的努力。這實際上是神學家所能夠做到最好的事情，不單因為身為人，他們都是有限和會犯錯的，也因為時間改變，亦因為最終的發言權只屬於上帝。在那最終的話未說出前，每個基督徒對那談話都有貢獻——有責任聆聽，有問題需要提出。

不過，這並不是說，談話令神學變得容易或愉快。談話並非總是順利地進行。有時談話是充滿怨恨、毫不相干、心胸狹窄、痛苦或無用的。晚間新聞不時報導基督教不同宗派之間的爭執。

也不是所有對談話有貢獻的人都得到聆聽。歷代以來，大部分基督徒的聲音在他們即時和十分有限的領域以外都得不到聆聽。他們的神學貢獻在人們看不見他們時便被遺忘，即使不是不可能恢復，也十分困難；除了透過口傳，他們影響了與他們親近的人的屬靈生命外，這些人可能包括他們的兒女和他們兒女的兒女。

當然，我們不應該低估這種影響的重要性。我們一個朋友講述她祖母的神學在她理解信仰方面扮演的重要角色。她祖母從自己的父母和祖父母那裏接受了一個口傳的神學傳統，根據那種神學解釋自己的經驗，並將那種神學傳遞給自己的兒女。她以自己日常生活的言語和行為表達她所有經驗的核心神學解釋——上帝總是與她一起，總會與她一起，無論發生甚麼事，在臨終時她也充滿信心地說出這解釋：「下面有那雙永恆的膀臂。」上帝永遠同在這個信念成了她兒女和孫兒女信仰生命的主要特點。誰能夠預測這個信念還會繼續多久？

無數基督徒找到理由相信，神學是已經完結或整齊地堆放在他們面前的談話。第三世界、非洲裔美國人和我們這個時代的女性主義或婦女主義神學是其中一些揭示這個錯失並提供糾正的思想。我們還可以加上尋求揭示基督教歷史上著名的教會領袖和學者以外的人的生平和著作的聖經、歷史和當代研究。沒有神學家可以知道所有人和所有事情。學習自己不知道的事情，是與別人展開談話的一個好理由。預先限制談話伙伴的圈子，無論是出於偏見或無知，都總會令神學家有損失。這也令教會有損失。

視神學思考為延續的談話有助我們將個人性和

共同性在過程中的角色放在正確的視角中。當然，一個基督徒的神學很大程度上是他或她自己的。它根據神學家的理解見證基督教信仰。但神學永遠都不屬於神學家—— 你或我—— 自己。只要神學聲稱屬於基督教，它便追求一個地位，是不能由任何人這樣說便可以得到的。它宣稱理解的基督教信仰是個人但不是私人的。它是其他人也有的信仰。羣體中不同的成員生動地交換意見，對教會神學上的好處是必不可少的。這樣，基督徒實行他們共同關注、共同負責和共同指導的事奉。每個成員的貢獻都可能令整體談話有生氣和變得豐富。

為免這幅圖畫顯得太美好，我們也不能忘記，對共同的基督教信仰意義的不同意見也帶來分歧。事後看來，有些分歧證明是令人遺憾的。神學思考有時沒有將人們團結起來，而是強調了差異。

以談話為基礎的神學思考模式容許我們欣賞多元，健康的辯論，和富創意的張力。不過，它沒有掩飾處理分歧的神學的困難，也沒有認可「甚麼都可以」的策略。在某些地方，基督徒必須定下界限。有些以基督教名義說和做的事情是我們由於我們對信仰的理解，必須以明確的「不」來回應的。我們必須說：「這是我的立場。」或者：「這種神學嚴重地誤解了信仰，是不能寬恕的。」在這個情況下，這裏描述的神學思考模式仍然是寶貴的。它提醒我們，在作出這個（或任何）神學判斷前需要處理一個重要的問題：我們有沒有細心、透徹、對話、詳細地考慮有關問題？如果有，我們便必須說是或否，然後付諸行動。

神學的工作是關乎對共同的信念進行個人化的談話式思考。它通常處理共同的題目，與共同的問題搏鬥，審視和再審視很多共同的主題，並運用共同的工具和材料。這些連接點邀請其他基督徒找出和承認那工作的「基督教性」。總括來說，神學思考與一個廣大但又親密地相關、稱為教會的信仰羣體有關。它的目的不是提出**我**對我的基督教信仰的理解，而是發展出我們基督教會尋求理解的信仰那最有可能的理解。

信仰尋求理解

如果基督徒具體知道自己投身於甚麼，他們對自己被稱為神學家肯定會感到更自在。可惜，**神學**這個詞沒有普遍接受的定義。它來自古希臘，是一個複合詞：*theo-logia* 是關於*theos*（神聖、眾數的神和女神、神）的*logia*（說話、論述、教導、理論）。這個根源意思帶到這個詞最傳統的用法：對神的信仰、觀念或研究。不過，將神學限制在最嚴格的意義並不尋常。這個詞兩個擴展的用法是常見的。

首先，**神學**典型地被擴展到包括所有與宗教生命有關的事情。不單是上帝的觀念本身，一切與信仰、教會和事奉有關的事情都被稱為神學。這個擴展是頗為自然的，因為基督教對上帝的信仰既不是源自、也不是存在於莊嚴的孤立中。它是信仰生命整體的焦點。為了配合它的猶太來源，早期的基督教使自己集中在對上帝的信息來到的確信上。不同的詞語，例如上帝的話、宣道（*kerygma*；宣告）和道等，都被用來指上帝的自我揭示。在用來指這信息的主題中，其中一個最早和最突出的詞語是**福音**，上帝給世界的好消息。福音與上帝透過拿撒勒的耶穌——基督——帶來的救恩有關。當代的神學家以多種方式提到這個信仰的核心，包括神聖的啟示，基督教的神話，基督事件，基督教的基本論據等。這些詞語有甚麼意思？意思很簡單：基督宗教不可或缺的是來自上帝的信息，那信息是關於上帝與世界、與歷史和與所有人類生命的關係。

對這複合的關係的解釋是基督教神學的焦點。這個主題包括上帝的本性和旨意，耶穌基督的位格和工作，聖靈的活動，創造，救贖和盼望。它也包括與信仰、教會、事奉和基督徒生命有關的一切。而因此，藉著擴展，觸及這些事情的不同範疇的研究也被包含到神學中。結果是神學作為整體被分為和再分為不同的強調。現代神學教育通常將這些研究籠統地分為聖經神學（biblical theology）、歷史神學（historical theology）、系統神學（systematic theology）和實用神學（practical theology）。這種排列有時令人迷惑，特別是考慮到有很多其他常見的主題，例如道德神學（moral theology）、聖禮神學（sacramental theology）、牧養神學（pastoral theology）、認信神學（confessional theology）、文化神學（theology of culture）、非洲裔美國人神學（African American theology）、事工的神學（theology of ministry）、解放神學（liberation theology）等。

其次，**神學**往往引申地用來指和基督教中關於上帝的陳述的功能，與世上其他宗教及社會中關於超越的陳述的功能有關。這功能不單用來指一個或多個神聖存有，而是代表人們最重視的委身。在這功能性的意義下，神（*theos*）和任何在他們生命中有終極意義的個人、羣體或文化有關。對基督徒來說，這終極關懷是上帝和上帝的信息。

不過，基督徒察覺到有些人終極關懷的對象和他們的神或任何宗教的任何神祇都沒有甚麼相似。金錢、名譽、國家或家庭都可以被視為神。政治或文化運動對某些人來說可以是歷史宗教的神的另一個功能性選擇。獻身於偉大目的的團體可以變成準宗教，在自己的使徒、先知、教師和神學家領導下組織他們的羣體。

基督徒早已發覺這個現象。基督徒承認他們相信上帝和上帝在耶穌基督裏那拯救的信息。但他們尋求的對信仰的理解並不是死記硬背或書本知識、理論或猜測。信仰作為理智的同意只是活生生的信仰的一部分。它是那種存在於人際關係中的知識：是**對**上帝的知識（knowing of God）多於**關於**上帝的知識（knowing about God），涉及情感、價值和在關係中生活。

從歷史來說，強調基督教的**正統性**（orthodoxy；正確的意見或信念）總是由警告——對於只在口頭上接受信仰，行動上卻彷彿其他關注比在耶穌基督裏啟示的上帝更重要——來平衡。信仰涉及相信，但它不能化約為單單同意。關於自認為信徒，但這觀念對他們的生活方式完全沒有影響的警告故事多不勝數：騙人數以百萬元的電視傳道人；向下屬說謊而不是為自己的決定負責的基督徒部門主管；自認靈命有成長，但虛報工時、做事馬虎、工作未完成便放棄的電腦軟件技術員。

對沒有積極委身的正統的回應往往是它的對應：**正統實踐**（orthopraxy；正確的實踐）而沒有深思的神學思考。信奉正統實踐的人說：「你所做的比你所說的更重要。」這回應往往是健康的，而且有時是絕對必要的。不過，信念和實踐之間的區分只能夠到這裏。正統實踐有信念的部分，因為它不單涉及相信上帝要我們以某種方式而不是其他方式行動，也涉及相信我們怎樣行動比我們說自己相信甚麼更有力。強調正統實踐總是由警告——對於只是做似乎是真正基督徒的事情，但心裏卻獻身於上帝以外的人或上帝的信息以外的東西的——來修正。

基督教關於上帝的信息要求信念和行動。它也引出愛、信任和獻身這些情感的回應。因此**信仰**（faith）這個詞往往用來作為基督徒生命所有元素的綜合用語，包括信念、行動和發自內心地獻身於上帝，以祂作為活生生的信仰終極關懷的對象。我們在這本書也是這樣使用這個詞。任何對信仰——也就是神學——的理解都要考慮這三方面。

說神學是「信仰尋求理解」，就是說：身為神學家，我們尋求理解對基督教關於上帝的信息，我們相信甚麼，以及我們身為個人和羣體，怎樣根據那信息而生活。

註釋

1. 神學作為工藝這個觀念曾經很常見，近年又復興起來。例如：參 Avery Dulles, *The Craft of Theology: From Symbols to System*, New Expanded Edition (New York: Herder & Herder, 1995);

Charles Wood, *Vision and Discernment: An Orientation in Theological Study* (Altanta: Scholars Press, 1985)。也參Patricia O' Connell Killen and John de Beer, *The Art of Theological Reflection* (New York: Crossroad, 1994); Evelyn Eaton Whitehead and James Whitehead, *Method in Ministry*, Revised Edition (Chicago: Sheed and Ward, 1995)。

第 1 章
信仰、理解和思考

莫麗爾（Muriel）是一間主要大學的（退休）藝術教授。她習慣不鎖上辦公室的門，讓學生和同事可以進去在她那塊牆壁一樣大的報告板上留下口訊，那塊報告板是剪報、照片、素描和筆記的大雜燴。大約有一年時間，兩件物件在那富創意的凌亂中顯得很突出。一件是一張由一個不知名的訪客留下的大卡，上面小心地寫著：**莫麗爾，一切實在都是非常簡單的**。在這張卡下面，有另一個訪客（也是不知名的）貼上一張從筆記簿撕下來的紙，訪客在上面以黑色的記號筆寫著：**莫麗爾，沒有甚麼是簡單的**。

每當你問一個專家怎樣做一件你不熟悉的工

作時，留意那個人是否回應說：「那很簡單！你只需要……」那不會是簡單的。

神學思考一個似乎是簡單的定義是「信仰尋求理解」。這是一個大有可為的預備區域，可以從那裏開始神學思考。當然，那旅程不會好像這句話可能表示的那樣不複雜（**莫麗爾，沒有甚麼是簡單的**）。我們每個人都在不同層面，以不同方法從事神學。神學是簡單的。神學是複雜的。

要發覺有某個信仰，就是要對它的意思有點概念。因此，基督教信仰從一開始便帶著某些理解性（understanding）。這種對信仰的意義的理解在我們裏面發展，就好像學習語言那樣。從教會所說的話和所做的事，從與別人接觸和交往，我們開始理解自己是基督徒。

但**基督徒**這個詞是一個帶有很多意義的標籤，講述它的意義是神學其中一個長期的任務。以大部分教會大部分時間就這個詞所說的話，我們認為基督徒身分與相信上帝、耶穌基督和聖靈，以及福音，參與教會的生活和事奉，持守某些倫理原則和理想等有關。不過，關於基督教信仰的意義只說這麼多，就是在廣泛和抽象的層面活動。這令我們遠離這個信仰對基督徒的具體或全面意義。繼續下去，我們指出人們對自己的基督教信仰的理解，在不同時代會有不同，不同宗派之間也有不同，不同教會亦有不同，不同的人也有不同。

這裏有一個例子表明那困難。不太久以前，德薩斯州基督教大學的學生報就學校的酒精飲品政策展開辯論。寫給編輯的信件論證說，如果德薩斯州基督教大學真的是「基督教」學校，校園便應該禁酒。關於這點，另一些人寫道，基督教學校應該尊重每個學生的權利，他們應該有權決定是否喝啤酒。雙方似乎都假設，一旦他們解釋了作為基督教大學是甚麼意思，大學方面便會有相應的行動。我們不可能衡量這對辯論雙方來說是多麼終極的關懷，但在指出他們對基督教在某特定時刻是甚麼意思的理解時，他們（或許是不自覺地）好像神學家那樣行動。那衝突源自對信仰的不同理解——也就是不同的神學。

在關於飲酒的辯論中，不同的神學互相衝突，而由於這些分歧，雙方的觀點都不能被視為理所當然的。神學既是規定的，又是持續的任務。這種辯論——特別是當那題目可能似乎比這個例子有嚴重得多的後果的時候——提醒我們，基督徒對信仰的意義的理解既是規定的，又是持續的任務。有初步的理解是我們大致在成長中接受，並視為理所當然的。我們也需要努力尋求更深的理解。以下的評論會探討我們信仰的神學相互影響：我們初步或隱含的理解和我們對更深理解的追尋。

深印的神學

基督徒從與他們的基督教日常無數的相遇中——包括正式和非正式，有計劃和沒有計劃的——學習信仰是甚麼。這種對信仰的理解，由教會傳播，並由會友在日常生活中吸收，我們會稱之為**深印的神學**（embedded theology）。這個詞語指我們在家裏、教會和世界以基督徒身分生活時，深深存在和起作用的神學。其他名稱也肯定是合適的。在宗教語言中，我們稱為深印的神學的東西也往往被稱為**初階神學**（first-order theology）或**見證的語言**（the language of witness），由對信仰的意義最即時和直接的見證構成。它植根（深印）於教會和會友的傳道和實踐。它是基督徒活出日常生活時的隱含神學。

每個教會羣體都視本身為根據基督教信仰來實行它的事務。它所說和所做的事是要實行教會的使命，見證上帝在耶穌基督裏的福音，並在世上譜寫上帝的旨意。它的言行反映這些基督徒對蒙他們的信仰呼召的理解。從某意義來說，他們可能多好地思想或研究基督教的信息是不相干的。這種見證是神學思考的結果，而那來自這種神學思考的信息包含深印的神學。在祈禱、講道、唱詩、個人行為、禮儀、社會行動或不行動，以及幾乎是人們奉他們的基督教信仰的名義所做的一切本身包含的神學信息，以及傳達的神學信息，都屬於這個類別。

基督徒忠誠的意義以很多不同的方式傳達。它藉著**教導和學習信仰的語言**——一種象徵語言，以意象、比喻、類比和故事進行，那些表面的意義是要指向它們本身以外，與上帝、信仰和屬靈生命有關的事情——傳達。信仰的語言在傳遞深印的神學中扮演的角色是很難過分強調的。

基督徒實踐也傳達基督教信仰的意義。例如：兒童學懂身為基督徒表示上教堂參加崇拜，並知道在那裏怎樣表現——甚麼時候站立、坐下或跪下，甚麼時候聆聽、禱告或歌唱。從言語並行動得以熟悉整套與信仰有關的意義：好與壞；禮儀與習俗；和組織、節目及活動。神學理解是深印在這些行動中，並不下於信仰語言的語法和詞彙。

這些來自教會的神學信息從我們進入教會開始便在信徒的心和頭腦培養。我們很多人都在這種神學中出生和成長。在我們仍未懂得說話前，它已經在我們裏面開始，在主日崇拜、教會學校、青年小組中發展，在我們父母、朋友和牧者的生命榜樣中加強。我們年紀漸長，開始自己思想時，這種神學得到重新模塑，成為我們自己的神學，有些方面與我們在家裏和教會遇到的神學相似，有些方面則不相似。那發展可能是緩慢、穩定、沒有麻煩的成長；也可能是暴烈的，我們質疑甚至拒絕我們童年對信仰的理解，接受另一種理解。

有些人發覺很容易闡述我們帶著的深印的神學。但很多人都不是這樣。問我們任何人：你對上帝有甚麼概念？你對罪或救恩有甚麼理解？你怎樣解釋教會的本質和目的？或者你身為基督徒對正確和錯誤的看法是怎樣？我們被這些問題難倒，可能想出公式化的答案。或者猶疑和結結巴巴，除非我們之前曾經停下來考慮過那個問題。不過，我們每天的決定都是基於這種深印的神學。我們以這種神學向上帝祈禱。這是我們愛或敬畏的上帝——也是我們事奉和得罪的上帝。我們在工作和遊戲時，在家庭和社會中，都根據我們對上帝的信息那深印的理解作決定。

虔誠的基督徒說好像「我的信仰和我的教會對我很重要」這類話時，心裏想到的是深印的神學。這種簡單的話包含很多相關的元素——記憶、信念、感受、價值觀和盼望——不一定是明言的，或許甚至不完全清晰。

深印的神學也是帶來很多真實世界的懷疑和冷淡的東西。很多人躲開基督教，不大可能是因為他們研究過所有論據，確定基督教的宣稱在理智上不能說服人。更可能的是，他們放棄信仰，是因為他們從其他人和他們教會的深印的神學見證或行動中看到的東西。大部分精神健康的專業人士和牧者輔導員都花過時間照顧一些輔導對象，這些人被他們家裏或本身教會認為是基督教的東西傷害。

在每次關於當時的道德或社會問題的爭論，走到前線的都是深印的神學。基督徒起來為他們的神學信念辯護，或者在那些信念受到威脅時表達憤怒。扭開電視的晚間新聞，看墮胎問題的兩派人互相對抗：甚至他們的海報也見證他們對信仰那不同的深印的理解。

因此，那麼多平信徒和神職人員往往表示他們感到自己好像活在戰壕中，也就不足為怪了。他們的確是這樣！他們自願或被迫進入衝突中，在當時的大辯論中採納某一方的立場。花時間衡量神學上的選擇，就是冒被指為甚麼也不知道或甚麼也不做的基督徒這個危險。如果有甚麼不安的話，根本一直都是這樣。教會的人能否充分明白基督教信仰的意義，並有效地傳達這種意義，會帶來相當大的分別。人們期望教會那些專業、有學術資歷的神學家給予一些支持和引導；他們畢竟有特別的專長。但最終的責任在於普通的基督徒身上，包括會友和牧者，他們以他們的深印的神學的各種資源面對每天的機會和衝突。

戰壕的生活是刺激和富挑戰性的，有時也是醜陋的。我們實行的神學不能整齊地連結起來，好像有時在專業神學家的著作出現時那樣。對受按立的牧者和平信徒來說，時間是短暫的，有工作等著做，緊急事件在沒有通知的情況下便發生。這就是基督徒生命的一部分，這也是基督徒在其中實行他們身為神學家的呼召的世界。

深思熟慮的神學

我們那深印的神學可能是那麼自然和令我們感到那麼自在，以致我們將它帶在我們裏面，毫不質疑，或許甚至不言而喻——除了在崇拜時加入別人的話外。我們可能安穩確信這就是基督教，並停留在那裏。事實上，平信徒受「讓牧者為神學思考操心」的試探，牧者則讓教會高層或學者處理這個問題。但有時我們需要思想我們那深印的神學，用文字表達它，認真地反思它。人們往往是在危機中第一次經歷這種進行神學思考的呼召。

深思熟慮的神學（deliberative theology）是對信仰的理解，是源自一個小心思考深印的神學的信念的過程。這種思考有時稱為**次階神學**（second-order theology），它跟隨並回顧深印在信仰生命中的隱含理解。次階思考的本質是對每個信仰的見證有某些批判的距離。從遠景進行深思熟慮，遠離深印的神學那更強烈的個人觀點。感情、記憶和（不管多大可能）先入之見要不是放在一旁，就是與其他相關的資料一起評估，藉以發現一些我們較狹窄的個人觀點不容許有的洞見。

深思熟慮的思考質疑被視為理所當然的事情。它檢視一系列其他理解，尋找其中最令人滿意的並尋求盡可能清晰和連貫地闡述信仰意義的。這樣的神學家想周密思考所有見證和證據，越過表面，去到事情的核心，發展出一個對問題的理解，是似乎能夠——至少在現在——承受任何進一步訴請的。這就是深思熟慮的神學思考。

例如：一個學步的小孩走得太接近祖父母的泳池邊，跌進水裏，淹死了。那個家庭那痛苦的呼喊——「為甚麼上帝容許我的孩子死？為甚麼上帝不讓我代替他死？」——表達**神義論**（theodicy）這個問題，或者邪惡和不幸與全能和全善的上帝並存這個問題。他們那深印的神學令他們用這些話表達自己的痛苦。但他們的「為甚麼？」顯示在這一刻，他們面對一個信仰的問題，是他們那深印的神學沒有全面預備他們接受的。他們肯定十分需要安慰；朋友可能嘗試以他們的信仰會令他們渡過這個想法安慰他們。但他們也十分需要**明白**。這生命危機也是神學危機；真正的死亡不能以安慰劑或含糊的抽象來應付。

這種危機減退時，有些人可能將源自那危機的問題拋諸腦後。但很多人會希望繼續追尋這問題。這樣做時，他們會對自己最初對信仰的理解進行認真的再思想，進入深思熟慮的神學這個領域。

由於深思熟慮的神學那批判的距離和即使不是自負也是崇高的語言，很多平信徒，甚至有些牧者都抱怨它只是學術（或者更糟的是不信）。一些教會的牧者經常將「它能否傳道？」這個挑戰重複拋向專業的神學家。由幾代的神學生流傳、既詼諧又莊嚴的漫畫描述耶穌坐在教會中，睡得很熟，而講員則從講壇中喋喋不休地說多音節的神學胡扯。對某些人（或者我們恐怕是對很多人）來說，漫畫中的講員喋喋不休地說的便是深思熟慮的神學。

這枝箭往往不幸地射中目標。單因為一部神學著作是難以閱讀及有大量註腳，並不表示它一定是好的深思熟慮的神學。事實上，它可能是糟糕的神學，而且是差勁的散文。深思熟慮的神學不一定要難以理解才是好的，而神學的讀者亦不需要那些扮作高深的神學家給他們留下印象或嚇怕他們。

可惜很多人都逃避深思熟慮的神學思考，雖然教會在歷史上都努力支持神學院，讓老師—學者從事這種思考，並尋求在學生中培養這種思考。這是令人遺憾的，因為深思熟慮的神學思考有十分重要的角色要扮演。它的任務，包括令教會維持誠實。它的任務是在每個新時代忠於福音。

深思熟慮的神學思考也在深印的神學證明是不足夠時帶領我們前進。無論真誠與否，我們那深印的神學可能是沒有根據，甚至是錯誤的。在危機、談話、衝突或我們自己的屬靈成長令我們再次思考時便顯得不足。對某些人——例如那些因為悲慘的死亡而與神義論問題搏鬥的人——來說，比深印的神學更深思熟慮的觀點可能是令他們能夠經過的「信仰尋求理解」。

但神學思考不單是為那些在危機中或十分好奇的人而設。信仰裏面的衝動也要求深思熟慮的神學思考。這衝動是**認真**。這衝動從信仰很深的感情層面升起，是言語難以表達的。它是一種察覺，既是「敬畏上帝」，又是「在主裏的喜樂」。雖然它的來源隱藏在信仰的深處，但是那種衝動作為強烈地關注單單說或做榮耀獨一聖潔上帝的話或事而為人所知。因此，認真表示小心地過生活，以可能的最合適方式見證上帝。

深印的神學肯定可以是認真的。它們畢竟直接反映我們的信仰。它們是我們自己對我們理解中的基督教關於上帝的信息的見證。認真的衝動驅使我們檢視自己是否在神學上努力。認真的基督徒好像保羅一樣，察覺到我們對上帝的看法總是不完美和不完整的，是在鏡子中模糊觀看。信仰那認真的衝動使我們基督徒繼續尋求更深地理解成為道的追隨者是甚麼意思。

因此，基督徒感到受到催迫，努力增強理解。那衝動令他們將自己對信仰的理解與別人比較，並思考它的性質和準確性。認真的基督徒蒙召在信念中堅定。他們也蒙召就自己對信仰的理解謙卑，並因此根據嚴謹的深思熟慮，渴望加深、擴闊，且（如果有好理由的話）糾正最初的理解。

教會的教導和實踐那些迫切的問題也帶來神學思考。基督徒就是不能避免就怎樣實行自己的呼召作決定，無論是個人還是集體。雖然深印的神學肯定可能廣受接納或在某教會深刻地確立，以致決定可以自動地作出，但這是例外多於是常態。作決定通常考慮到選擇。它涉及表達不同意見並加以衡量。負責任的決定過程檢視一系列選擇，給每一個選擇細心和公平的聆聽，並尋求一個結論，是配合那檢視發現的東西的。在這裏，基督徒不單表達他們的信念；他們也研究他們自己和別人的信念是否充分，藉以對信仰的意義有更深刻的理解。

深印和深思熟慮的神學之間的關係

深印和深思熟慮的神學之間的界線有時是驚人，甚至分明的，將彼此分歧的神學信念分開。例如：當一羣基督徒傳達一切都和人類身體有關，性是污穢和不敬虔這個信息時，深思熟慮的神學思考發現這種神學接近初期教會某些團體提倡的信念，這種信念將靈（是好的）和肉體（是邪惡的）嚴格地區分，以致其他基督徒需要譴責他們的觀點。

不過，更常見的情況是，這兩種神學互相重疊，它們之間的界限只存在於一個連續體的某些點上，只是程度上的差異。一方面，教會領袖或學者的神學是基於大量研究和衡量證據，這種神學可能顯得（或假裝）比實際上遠為深思熟慮。無論有意或無意，神學家都可能對自己的觀點過分欠缺批評，過分不願意檢視和衡量其他選擇，以致不是真正的深思熟慮。

另一方面，深印的神學絕對並非總是或無可挽救地不是深思熟慮的。幾乎所有基督教在歷史信經中提出的教義或教導（「**教義**」〔doctrine〕來自拉丁語動詞*docere*，意思是教導）都是為了回應互相衝突的深印的神學的矛盾而寫成的。因此，它們在建構基督教的信息時，至少保存了某程度的神學深思熟慮，而我們也可以從中找到這種深思熟慮。

無論如何，說深印的神學由基督教信仰最直接和最熱誠的見證組成，並不是說這些話語和行為是完全輕率和不經思考的。以講道為例。很多講員準備講道這個任務時，都是剛從戰壕——從呼喊、喜樂、個人掙扎、失敗和勝利——回來。牧者的挑戰是研究信仰的意義，從神學角度深思熟慮，將這些思考和生命經驗關聯起來，然後才決定說甚麼。講章可以源自深印、初階的神學理解，但卻是次階神學思考辛苦得來的結果。

平信徒在努力決定他們的信仰對個人的關係、政治、工作或閒暇有甚麼意義時，也做同樣的事情。例如：我們應該怎樣談論上帝？上帝是父這個熟悉的形像給很多基督徒帶來力量和關心這令人舒適的感覺。對其他人，例如那些被父親性侵犯的人，同一個形像可能和痛苦及憤怒有連繫。甚至可能令他們認為自己健康地抗拒侵犯是錯誤的。深思熟慮的神學思考容許他們檢視自己隱含的神學，將上帝和爸爸分開，發展出一個上帝的形像，是能夠提供對信仰更完整的理解的。

基督徒在教會和更大的社會遇到多種不同意見，也經歷不斷改變的生命經驗。因此，他們發覺自己不時對自己那深印的神學作出嚴肅的再思也是自然和無可避免的。要在信仰中成長，就是深化、擴展，甚至或許是修改我們對信仰的意義的理解，並得到更清晰的方法，藉以陳述和活出我們的信念。

神學地思考的挑戰

雖然深思熟慮的神學思考可能相當普遍，但基督徒雖然是神學家，卻並非常常無可避免地把握任何機會進行神學思考。當是時候要他們陳述自己的神學時，很多基督徒除了重複熟悉的句子外，不大知道應該說甚麼。

例如，考慮一下這個場景。在牧師的要求下，第一教會委員會的成員聚集在一起，「闡述我們教會的神學」，預備未來的秋季財務運動。十個人中有七個說教會是「基督的身體」，其餘說教會是「上帝的百姓」。當有人指出他們對教會似乎有兩種觀點時，幾個人幾乎異口同聲說：「對—— 教會既是基督的身體，也是上帝的百姓。」當一個人補充說「我們的教會容許人們有不同的神學觀點」時，眾人都點頭表示同意。

當有人溫柔地催迫他們解釋這些話的意思時，一個成員說教會是「我們與耶穌會面的地方」，另一個說「教會是由服從上帝的人組成」。進一步的催迫—— 我們在教會真的與耶穌會面嗎？所有教會成員真的任何時間都服從上帝嗎？—— 開始令小組感到焦慮。牧師嘗試另一個方法：「為甚麼你們認為人們應該來教會——譬如說，特別是這間教會？」一個人回應說：「你在這裏可以找到真正善良和關心你的朋友」，另一個說：「如果我們到教會崇拜，上帝會愛我們。」

牧師在牧者每週的午餐聚會向同工講述那事件時，仍然為教會委員會最終那簡略和含糊的話而感到有點失望。他們熱切地想說話。沒有人說（或敢說）教會是「我們與耶穌會面的地方」，一位牧師指出「基督事件在宣講（*kerygma*）中發生」，另一個人引述宗教改革的觀點（Reformation view），指出教會是「宣講聖言和實行聖禮的地方」。一個人說需要一個有技巧的小組過程領袖帶領教會委員會討論神學。離開會議時，一位牧者諷刺地說：「似乎不單是平信徒在應邀闡明他們的神學時才被嚇怕。」顯明自己對好像「教會」這樣基本的基督教概念的神學觀點，對我們所有人來說都可能十分困難——特別是當說出或寫出我們相信甚麼時，是既和我們心裏所信的一樣，又是深思的思想的時候。

兩組人都就教會、友誼、崇拜行動、順服、上帝愛或不愛誰、神職人員和平信徒的關係，以及神學院教育等神學主題說了很多話，也暗示了更多話。至少有些人誠實和認真地闡明了自己深印的神學的一部分。即使這樣，他們是以這樣公式化和簡短的話來說出那部分，以致我們很難知道怎樣理解。這是深思熟慮的神學思考的材料，但卻不是那思考本身。關於基督的身體、上帝的百姓、基督事件、宣道和集體過程等的片言，仍然不是教會的深思熟慮神學。

這些對教會的理解是不足的，可能是因為討論的時間太短，或者提示不夠清晰。可以肯定的是，在場的人都以手頭的資源盡力而為。同樣毫無疑問的是，所有人都獻身於信仰和教會。在發展出清楚表述的深思熟慮神學時，不是獻身的質素帶來不同。總有真正的聖徒是不能很好地闡明自己的神學的。同樣，總有得獎的學術神學家不是真正的聖徒。

如果基督教關於上帝的信息以一種妨礙朝深思熟慮的神學思考健康地發展的方式傳遞，那是不幸的。我們盼望只有少數教會好像近期一幅漫畫那間一樣，在教會的大門放上一塊這樣的牌：「在進入聖所前，請將帽子和思想放在衣帽間。」神學思考不能旺盛，除非它得到教會本身珍惜和實踐。

獲容許自己照料自己時，大部分基督徒都盡可能好好地應付。他們可能閱讀一些書籍，參加教會的訓練班，或者向牧者請教。其他人不知道從哪裏開始，結果可能甚麼也不做。至於受困擾的牧者，可能嘗試偷一點時間讀一本書或聽一些講座的錄音帶，希望從大名鼎鼎的神學家那裏得到一些洞見或豐富。但面對那麼多現實生活的要求時，趕上或追隨學術神學往往缺乏吸引力。牧者需要主持喪禮，教導課程，探訪新會友和預備講道。

結果對受按立的牧者和平信徒都一樣。嘗試實行深思熟慮的神學思考往往是零碎和不完整的。即使更迫切的關注沒有將它完全擠掉，它也傾向沉進深印的神學那更能夠推測的常規中。如果要讀一些東西，就讓它和我們已經持守的立場一致吧。它愈簡短和簡單便愈好。那傾向是只聆聽我們已經喜歡的，對我們已經不喜歡的充耳不聞。即使信仰驅使我們尋求增強理解，雖然我們想我們的見證有見識和負責任，雖然我們不能避免在面前的眾多選擇中作決定，我們總是傾向熟悉的。這樣，對於信仰的意義的深思熟慮沒有超越重複我們喜歡的話，找出其他見解的問題。

重新思考需要自覺的努力。它表示要接受和開放，但也表示誠實和探究。那是艱難的工作——在信仰生命中成長要求的那種艱難工作——也是我們身為基督徒的部分呼召。

認領任何基督教信仰或被任何基督教信仰認領，就是自動加入基督教神學家的登記表。隨著信仰而來的是對基督教關於上帝的信息有某程度的理解，以及對在信仰的理解中成長的責任。從事深思熟慮的神學思考是我們基督徒呼召的一部分。

我們不能預先知道如果我們接受這個呼召，它會帶領我們去哪裏。那些走上這條路的人當然希望那旅程會是充滿樂趣，結果會是使人充實的。這個希望是可能的，但卻絕對不是肯定的。努力與我們對信仰的深印理解保持一段距離，進行探究的檢視，可能是艱難和痛苦的工作。它可能引致心靈的黑夜，或者在曠野四十天或多年。以前似乎是十分明確，毫無疑問的事情，可能經不起徹底的神學檢視；在最終的分析中，它可能變得不大確定，只是眾多選擇的其中一個，或者不再合理。我們最初的理解可能證實是誤解。

雖然這樣，從深思熟慮的神學思考得到的東西不能從其他方法得到。身為基督徒，我們蒙召追求在信仰中成長：藉著重新學習和增強我們對信仰已經理解的東西，並藉著擴展、加深，甚至糾正我們對信仰最初的理解。我們蒙召更深刻地認識上帝和自己，為自己的生命和外面的世界將那知識的結果連結起來。

進深閱讀

Campbell, Ted A. *Christian Confessions: A Historical Introduction*. Louisville: Westminster John Knox Press, 1966. Campbell提供一冊簡明的書，比較基督教主要教會傳統的教導。

Jones, Linda, and Sophie Stanes. *In a Dark Wood: Journeys of Faith and Doubt.* Minneapolis: Fortress Press, 2003. 這本書講述猶太人、天主教徒和基督徒男女疑惑和重拾信仰的經驗。

Kinast, Robert L. *What Are They Saying about Theological Reflection?* New York: Paulist Press, 2000. 這本書簡短但很好地介紹對神學古典及當代的討論。Kinast特別專注於神學思考的經驗層面。

McKim, Donald K., ed. *Westminster Dictionary of Theological Terms*. Louisville: Westminster John Knox Press, 1996. 這本書可靠地論述基督徒神學家使用的熟悉詞彙。讀者可以用來翻查不熟悉的神學詞彙，也有助更有學識和深刻的神學思考。

Musser, Donald W., and Joseph L. Price, eds. *New and Enlarged Handbook of Christian Theology*. Revised edition. Nashville: Abingdon Press, 2003. 這本書提供關於神學標準和現時題材、能夠增長見聞的文章，由超過一百位當代著名的神學家撰寫。

第 ❷ 章

塑造神學

在歷史的大多數時候，手工藝都是人類文化的一個重要功能。任何手工藝（好像製衣、編織、石刻或製家具）由來已久的實踐都涉及透過運用技巧將材料塑造成產品。而技巧是可以學習和完善的。手工藝家繪畫、量度、切割、組合、黏合、釘、縫、打磨、修整。於任何對某手工藝不熟練的人來說，那產品仿似魔術；但從事該行業的人卻以學徒方式漸漸培養技巧，直到他們不單可以做得好，更能夠頗為輕易地做到。

神學思考在很多方面都可以和手工藝相比。好像刻石工或織造工一樣，神學家處理和再處理材料，直到他們製成滿意的產品——也就是神學理解。他們實行的主要運作有三種：（1）**解釋**基督教信仰的意義；（2）將這些解釋與其他解釋**關聯**起來；和（3）**評估**這些解釋與它們的關聯是否恰當。

我們會逐一描述這些活動，作為有秩序、累積的神學思考過程的任務。不過，正如任何手工藝一樣，這些運作是互有關連和互相重疊的。做木工或縫紉的人在切割和組合前和後都量度，每一次切割、磨光、粗縫或修整都一再嘗試那組合，使之合襯。同樣，神學家在解釋、關聯和評估時並不是以古板的步驟進行，而是不斷在幾種運作間來回往復，檢查和調節，藉以令整體統一起來。

甘冒將比喻推到超越界限的危險，我們可以指出，雖然可以就手工藝——木工、製衣或神學——的基本技巧給予指示，有用的結果和真正卓越的結果之間的分別是不容預測的。它部分有賴工人的手和頭腦，部分則有賴觀看的人雙眼。我們那深印的神學通常是可用的……直到，也就是我們的良心或危機或某些衝突驅使我們有其他想法。那時，對更令人滿意的東西的追尋便會令我們走上深思熟慮的神學的路。

神學作為解釋

出生時，我們進入一個充滿意義關係的世界，此後我們藉著對事物形成和再形成解釋在世界生活。我們都是不住地進行解釋；也就是說，我們尋找和給予意義。我們不單解釋說出和寫出來的文字，也解釋視覺影像、聲音、質地和氣味，甚至味道。過去和將來也進入我們的解釋混合中——過去時間的遺物和記憶，對明天會帶來甚麼預期。用最簡單的話來說，我們所作的解釋成了我們的**見解**（views）。

我們的見解在與其他人和周圍的世界交往的過程中那麼自然地興起，以致我們最初視之為理所當然的。隨著我們變得成熟時，我們發現人們以不同的方式解釋現實。這個發現很早地臨到我們——不是因為我們研究過**詮釋學**（hermeneutics，解釋的理論），而是因為談話的施與受，教導和學習，意見不同和衝突。

我們對不同解釋的察覺由與別人相遇加深，很快我們便留意到自己的解釋也隨著時間而改變。童年時（甚至是去年）似乎是毫無疑問的見解變得沒有那麼確定，需要重新肯定或修改。我們學懂意義的世界有比我們做夢想到的更多事物。即使我們懷有一個祕密的信念，相信有一個世界，有冷冰冰、確實的事實，可以給出惟一真實、普遍和永恆的解釋；

也不能否認我們生命的旅程帶領我們經過對事物不同而且往往是互相衝突的解釋。

好些見解集合成一套大致獨特的解釋便構成**觀點**（viewpoint）或**視角**（perspective）。我們對事物有甚麼意思的解釋連繫到我們自己特定的視角，正如其他人從他們自己的角度進行解釋一樣。但我們能夠從一個觀點轉移到另一個觀點。我們可以嘗試從別人的視角看事物，或者從不同立場檢視一件事情——例如，經濟、倫理、政治、歷史或其他立場。隨著時間過去，我們更擅於在多重解釋觀點之間移動，將它們加以比較、對比和整合，同時判斷它們相對的優點。

基督教神學思考從基督教信息的信仰視角解釋事物。因此，對上帝和信仰的本質本身的解釋是神學的首要關注。信仰某些重要的主題是所有教會的認信陳述和系統神學的普遍關注。例如：上帝論（doctrine of God）、基督論（Christology，耶穌基督的位格和工作的教義）、聖靈論（pneumatology，聖靈的教義）、人論（anthropology，人類的教義）、救恩論（soteriology，救恩的教義）、教會論（ecclesiology，教會的本質和目的的教義）、聖經的權威和默示的教義、基督徒生命的教義和終末論（eschatology，末後或最後事件的教義）。

基督徒在信仰生命的過程中形成的神學觀點是一套獨特的觀點，包含很多見解，每個見解都以某種方式與基督教關於上帝的信息有關連。那信息的具體意思是那些尋求理解自己的信仰的人的主要關注。在教會，那信息的實質透過信仰的語言代代相傳，那語言是鬆散地結合在一起的故事和象徵。

學習怎樣使用信仰的語言在形成構成神學視角的一套解釋中是十分重要的。因此，神學家通常以信仰的語言探究向他們開放的一系列意義，使用多種取向和方法。他們的神學闡述他們理解的信仰語言是甚麼意思。

神學作為關聯

無論神學家採取甚麼取向，闡明信仰語言的意義的努力包括考慮多重解釋性觀點。因此，神學思考涉及**關聯**——也就是將兩個或更多獨特的命題帶進與彼此的關係中。關聯可能在問題和它們所得的答案之間出現，或者在一個特定問題的多個答案之間出現。

關聯這個詞在幾十年前因為田立克（Paul Tillich）的著作而在一些神學家當中流行起來。田立克提倡神學依從一種「關聯的方法」（"method of correlation"）。田立克主張人類生命和文化提出關於人類存在的終極意義的問題，對此宗教和它們的神學提出回答，而神學思考的任務就是將這些存在的問題和它們的神學答案關聯起來。

田立克對神學任務的論述引起頗大的興趣。它也引發出辯論，因為很多人都害怕他的關聯方法會修整基督教神學信念，使它們舒適地配合世界的智慧。這爭議已經成為神學歷史，只會偶然燃起。我們不適宜在這裏支持或反對田立克的方法。不過**關聯**這個詞仍然是一個方便的標記，用來指一個比較和對比的複雜過程，是在所有神學思考——無論是深印還是深思熟慮的——都發生的。

雖然神學家可能為了依從一個正式的關聯方法而有爭論，但事實仍然是，神學家都無可避免地是關聯者。他們確定基督徒對事物的一種觀點怎樣與源自其他視角的觀點相似或相容。同時，他們藉著留意一種基督徒觀點和其他觀點的不同，找出這種觀點相對於其他觀點的獨特之處。

神學家不能避免將解釋關聯起來，即使他們發誓從不這樣做。關聯——以這個詞最概括的意思來說——繼續下去，即使在它可能沒有受到注意的時候。在大部分情況下，神學觀點都加在其他並非神學的觀點上。例如：我們理解四歲的安吉麗娜（Angelina）是誰？她是吉爾伯特（Gilbert）和德雷莎

（Teresa）的親生女兒和麗塔（Rita）的妹妹。這個對安吉麗娜的觀點以她在家譜中的地位來分辨她。但當然，和每個人及每件事物一樣，我們也可以從其他視角看她，以其他方式描述她。以信仰的眼睛看她，然後以神學詞彙來描述，可以將她理解為上帝的孩子。這樣，對安吉麗娜的神學觀點便是和諧地加在家譜上；它接受安吉麗娜是公眾眼光中的她，然後加上將她解釋為上帝的孩子這個觀點。解釋的加上承認安吉麗娜同時表示兩件不同的事物，正如在地圖上加上紅和藍色線顯示一個地理特點，例如河流，也是兩個州的政治邊界一樣。

安吉麗娜是誰的例子驟眼看來可能顯得瑣碎，但現實生活的解釋性關聯永遠都不應該被輕視。我們理解安吉麗娜是誰的女兒，可以有很重大的後果，是收養或撫養孩子訴訟中決定性的問題。一對夫婦在被起訴謀殺他們的女嬰時不認罪，理由是她並不是他們的孩子，而是撒但的孩子。可悲的是，他們根據他們對孩子是誰的解釋行動。也想一想，基督徒多麼經常在彼此之間及與別人爭論他們理解耶穌是誰的兒子：是上帝、馬利亞還是約瑟的兒子？

解釋的關聯並非總是和諧、附加地加上意義。不同的觀點往往帶來互相衝突的意義。例如：從寶石學家的立場來看，一隻戒指可能是沒有價值的首飾，但對戴戒指的人來說，它卻表示真愛。

考慮一下在第一教會發生的一次衝突期間作出的關聯。委員會討論年青人舉行冬季滑雪旅行這個課題。從嚴格的預算角度看，要求參加者自付費用似乎是良好的財政政策。不過，有些委員指這新規定是偏袒和不公義，因為這樣會將不能負擔費用的家庭的少年人排除在外。經過長時間討論後，終於得出一個折衷辦法。由於教會運用本身的資金既應該為慈善又應該謹慎，預算可以包括那些宣稱不能負擔開支的人所需。但一個批評這政策的人以一個問題挑戰他們：「畢竟滑雪團和福音有甚麼關係？」副牧師說了一些支持青少年事工、團契、良好的時光和基督徒管家的話。但沒有具體解釋福音的意義哪一方面要求教會舉行滑雪團，無論是否自費。結果，那個滑雪團被取消。

那些批評者只是反對讓年青人享受樂趣這個想法嗎？還是他們看到那情況的某些神學方面，是其他人都忽略了，或選擇不理會的？

基督徒不時都不能要自己好像別人那樣看事物。例如：有些基督徒寧願死也不願意視羅馬皇帝為神。每當任何種族或族裔的人被視為野獸或炮灰而不是按著上帝的形像受造的人類時，有些基督徒便提出抗議。還有些基督徒宣揚創造論和進化論，他們雖然對達爾文主義（Darwinism）有不同見解，卻一起反對人類的生命除了適者生存外沒有多大價值這種宣稱。

我們的神學思考和解釋事情的意義有關。神學家從基督教信息的獨特信仰視角作出他們的解釋；因此，對某特定問題的神學和其他觀點的相似和不同，透過行動或關聯浮現。在一些情況下，那些見解可能是彼此相容甚至互相支持的，但在其他情況，它們卻可以十分相反，以致基督教和文化在解釋上有嚴重的衝突。

關聯的過程在很多領域和多個層面出現。例如：環保分子所說的「關心生態系統」可以與作上帝創造的好管家這個基督教見解關聯——也就是比較和對比。神學觀點可以和社會狀況、政治、醫藥倫理、教育、養育子女、經濟等其他觀點關聯。基督教的神學視角作為整體可以與其他整體的生命視角關聯，例如追隨不同的世界宗教的人或由不同哲學家提出的視角。對每個基督徒來說，關聯根本上是使神學和他們生命的環境聯繫起來，並使生命的環境和神學聯繫起來的任務。

要得出令人滿意的關聯絕對不容易。連繫到文化的事物的意義深深影響教會生活。例如：即使洗禮的意義跟上帝的恩典和委身於信仰及教會有關，這個解釋也可以被社會觀點掩蓋，視這行動為只是感情用事地歡慶嬰孩出生或兒童進入青春期的儀式。教會教導的道德可能只反映良好公民的觀念和社會的習俗，而不是任何考慮周詳的神學判斷。牧養關顧和輔導有時從嚴格的心理治療角度進行，沒有參考神學觀點的資源。在這些情況下，教會獨特的基督徒身分可能被遺忘或完全喪失。

對教會被文化俘擄，人們往往呼籲教會回到傳統或恢復信仰的語言，作為糾正。只要不是以一種文化俘擄取代另一種，努力發掘教會的神學遺產能夠給今天的人甚麼指引是健康的。

甚至對很多基督徒來說，信仰的語言很大部分都可能顯得是外國的語言；這種語言沒有幫助他們解釋事物的意義，它本身就是一個謎。現代基督徒缺乏詞彙描述他們信仰視角的獨特性，傾向結結巴巴、臨時湊合或跟隨流行的智慧。

使用傳統語言本身並不保證可以正確理解信仰的意義。神學的生命力不能單靠重複陳腐的宗教用語而得到保證。歷史的信仰語言的意義需要由解釋的行動，和揭示事物關係到上帝的信息的重要性的關聯來揭開。否則基督徒結果可能只好像鳴的鑼或響的鈸一樣。

事實上，神學家往往被埋怨指他們的信仰解釋是空洞的，沒有與信仰的日常生活有明顯關聯。我們往往聽見疏離的基督徒說：「教會的問題是，我聽到的只是敬虔的話，與我活在其中的現實世界沒有任何關連。」

平信徒可能抱怨：「牧者的問題是，他們和現實世界脫節。他們的象牙塔神學沒有對應我身為基督徒要面對的困難。」

牧者不時抱怨說：「神學院教授的問題是，他們不知道教會正在發生甚麼事。他們的象牙塔神學沒有對應我身為基督徒牧者需要應付的困難。」

在實踐範疇的教授有時呼應這抱怨說：「我在古典範疇的同事似乎不知道教會和事奉是關乎甚麼。他們的象牙塔演講與牧者必須面對的真實困難無關。」

古典範疇的教授則回應說：「任何人可以期望怎樣事奉，而不處理我嘗試教導和寫作的〔聖經研究、歷史、神學或倫理學〕，這是我不能控制的。我的責任是幫助學生掌握宗教信仰最嚴肅和深刻的問題。」

追尋適切性可能變成著迷，引致時髦或耗盡。但神學的整個重點是**明白上帝的信息對今日世界的意義**。將神學和非神學觀點關聯起來的重點是找出關於那信息，事情有甚麼意義，以致基督徒可以在十分明白那信息的獨特性的情況下過自己的生活。

神學作為評估

神學視角只是社會中多種不同觀點的其中一個，不過對持守這視角的人來說，它卻有最重要的價值。它的價值植根於確信透過基督教信仰揭示的東西是十分重要的。

一些深印的神學有時會表達這種以簡短、甚至鹵莽的方式對現實作出的有信心的評估。「相信否則被定罪」，「信仰是不能證明的」，「聖經／教宗／信經／教會說……」是一個神學觀點受到質疑時常見的回應。（當然，很多基督徒更溫柔及溫和地表達他們信念的力量。）提供對一種神學的**理據**和**可靠性**的一些評估是深思熟慮的神學事業不可或缺的部分。

當我們最初的理解似乎不再站得住腳時，當我們必須在幾個對信仰互相衝突的理解中作決定時，由於自覺地衡量不同的神學見解，便會發展出深思熟慮的神學。如果我們以深思的態度前進，會細心思考我們評估見解時判斷的標準，也就是神學準則。例如：有些人理解基督教信仰是容許死刑的，另一些人則認為是不容許的。我們對這件事有甚麼意見？一個有意識的決定會涉及衡量不同的支持和反對意見。也會要求我們找出我們用來在這些彼此衝突的理解之間作決定的準則。要就這些問題進行神學思考，就是不單就每一個選擇的相對優點尋求澄清，甚至是就我們怎樣決定甚麼才是優點尋求澄清。

神學思考運用幾種評估。由於神學與信仰尋求理解有關，神學家要盡可能達到最完整和準確的理解。被評估的是一種神學的充分性。在進行這種評估時，會考慮幾個因素。關於充分性的四個最常見的測試值得在這裏簡略地提出：基督教的合適性（Christian appropriateness）、可理解性（intelligibility）、道德正直性（moral integrity）和有效性（validity）。

（1）**基督教的合適性**根據一種神學的「基督教性」對它進行評估，也就是評估它是否忠於基督教信息。基督教關於上帝的信息裏的信仰，是甚麼帶來這個而不是其他神學見解？這就是在第一教會令滑雪團被取消的測試：當有人用力推時，沒有人證明這個團有任何「基督教」的成分。同樣，每個神學見解都受到關於它是否值得基督徒委身的評估。

（2）**可理解性**是關注一種基督教神學要對基督徒有意義，即使它對其他人沒有意義。顯示可理解性的其中一個方法是邏輯上的一致性。有些人藉著發展以單一觀念開始的神學（例如上帝的觀念或啟示的觀念），然後細心揭開它的邏輯含義，藉以尋求這種一致性。但很少神學家是嚴格地合乎邏輯的——主要是因為信仰的語言是那麼分歧和自相矛盾，不容許邏輯形式。更能夠實現的目標是**似是合理的連貫性**（plausible coherence）——在基督教信仰多面的意義中有某程度的協調，並避免互相矛盾的信息。

（3）**道德正直性**是關乎神學的道德標準。基督教信仰除了是相信和發自內心的感受外，還是一種由道德價值觀引導的生活方式。基督教倫理學的範疇以基督教關於上帝的信息的道德面向作為主要焦點。所有神學著作，無論專注於甚麼主題，都包含神學家道德敏銳性的指示。因此根據道德正直性評估神學見解，在對神學的整體充分性作出判斷時扮演一個角色。

這種評估有時似乎很容易進行。至少在今天，如果基督徒聽到有神學家號召教會迫害或消滅不信的人，都會害怕地退縮。幾乎所有人都同意，這種觀點是反對信仰所支持的一切的。這個神學家的神實在太殘忍，不是基督教的上帝。

在其他時候，道德評估卻可能帶來很多內省和爭議。例如：道德問題往往在關乎預定這個教義的辯論中浮現。批評者問我們怎可以說愛的上帝在人們出生前將一些人定罪，並拯救另一些人。為這個教義辯護的人尋求顯示它不單適合基督徒，而且它怎樣高舉上帝關於公義和憐憫的決定的主權。

對大部分現今的解放神學家來說，上帝的道德正直性也是重要的。這些神學家沒有否認上帝的愛的普遍性，但卻指出聖經的上帝一再反對偏見、不公義和壓迫，並支持世界上受壓迫的人。在他們的評估中，沒有處理世界多重苦難的神學也是沒有尊重上帝的道德正直性。

（4）**有效性**。有效性這個問題和神學見解的可靠性、現實和真實有關。基督徒提出他們的神學（他們對信仰的意義的理解）時，是出於確信他們對信念的肯定是忠於生命和上帝的意圖及旨意的。當然，有些人視我們某些或所有神學見解是沒有根據或虛假的。同樣肯定的是，我們大部分人都視自己的見解為真實，而別人和我們不同的見解則是虛假的。評估神學的有效性，無論是我們自己還是別人的神學，都是無可避免的。我們總是這樣做。

解釋為甚麼一個神學見解是有效的，可能是神學家面對的最艱巨任務。甚至一種神學應否為了它的有效性接受測試本身也很有爭議。一方面有一些不同背景的神學家彼此同意，一旦盡可能準確和全面地提出在基督教上帝的信息中信仰的意義，神學的工作便完成。他們認為這樣已經足夠，因為評估神學有效性的努力，總是以用人類可靠性、現實和真實的標準來判斷上帝的信息作結。另一方面，一輩同樣多元化的神學家則堅持基督徒不應該迴避測試信仰的宣稱。即使結果不能證明信仰本身，也顯示哪裏需要調整——要不是我們對信仰的神學理解，就是我們人類可靠性、現實或真實的標準。

評估一種神學的充分性——根據它的基督教合適性、可理解性、道德正直性和有效性——是複雜和重要的事情。專業神學家互相撰文討論這個問題時，他們所說的話往往是非專業的讀者難以掌握的。這不是因為神學家的信仰比較深刻，或他們對問題的理解比其他人高。也不是因為他們不關心平信徒和牧者每日面對的不同特定、實際問題。他們關心怎樣判斷神學信念的充分性。他們沒有直接支持或反對死刑或預定論，而是可能集中於用來決定這個問題的準則。這樣做時，他們訴諸一種通常過於抽象和專門的術語，以致不能在崇拜、教會學校或日常關於信仰意義的談話中使用的。

不過，評估本身並非完全遠離教會和公共生活的神學討論。它只是以十分實際的詞彙實行。「它是否合乎基督教？」是教會成員質疑某個見解的**合適性**時經常關注的問題。每當某人的神學陳述令聽眾或讀者對那人剛說的話感到迷惑，**可理解性**這個問題便出現。**道德正直性**往往在以直覺回應一些基督教神學見解時浮現。（例如：講員表示上帝不會憐憫有私生子的青少年後，安德森〔Anderson〕家庭離開教會。他們說：「那講員的上帝實在太充滿仇恨，根本不是上帝。」）每當神學見解和普遍被接納為真理的事情有衝突時，**有效性**的問題便出現。（考古學和歷史研究是否支持聖經中挪亞那洪水的故事或被釘十字架的耶穌那空墳墓？如果佛洛伊德〔Freud〕關於自我、超我和本我的理論是對的話，可以在哪裏找到基督徒所說的靈魂？當佈道者利用聽眾的感情，宣稱上帝會在金錢上給所有今天接受耶穌的人祝福時，那宣傳因為有效——也就是說它能夠令很多人上前成為基督徒——便是合理的嗎？）

基督徒毫無保留地表達他們對這些以及無數其他事情的意見。在這樣做時，他們在評估他們遇到的基督教信仰的相關解釋的充分性。但如果評估是在臨時、無知和不一致的基礎上進行，基督徒神學家便需要思想他們運用判斷的標準。他們需要好像石匠雕刻中世紀大教堂或木匠雕刻精美的櫃子，或編織工編一塊好布那樣小心模塑他們的神學。他們那深印的神學和他們的閱讀，以及與別人的談話都是他們工作所用的材料；本身的智慧和敏銳是他們的天份。但要創造有用和充分的神學，需要經過時間操練和經磨練的技巧。

進深閱讀

Jones, Serene, and Paul Lakeland, eds. *Constructive Theology: A Contemporary Approach to Classical Themes.* Minneapolis: Fortress Press, 2004. 來自Workgroup of Constructive Christian Theology，由多位不同的神學家撰稿，他們考慮教會的神學遺產和在今日的世界建構基督教教導的挑戰。包括唯讀光碟。

Kelsey, David H. *Proving Doctrine: The Uses of Scripture in Modern Theology*. Harrisburg, PA.: Trinity Press International, 1999. Kelsey是基督教其中一位最出色的學者，他就現代神學家在建構他們的神學見解時怎樣看聖經的權威加以闡釋。

McKim, Donald K. *Theological Turning Points: Major Issues in Christian Thought*. Atlanta: Westminster John Knox Press, 1988. McKim強調教會歷史上幾個有影響力的教義爭論，並描述在神學上互相對抗的各方怎樣引用聖經、傳統、理性和經驗為他們認為重要的事情辯護。

Ruggiero, Vincent. *The Art of Thinking: A Guide to Critical and Creative Thought*. 7th edition. New York: Pearson/Longman, 2004. 神學思考既是思考又是神學。Ruggiero的著作以批判和創新的方式介紹思考和寫作，受歡迎和經過更新。

第 3 章

神學思考的資源

多年以前，我們其中一人擁有一部古老、殘舊的雷諾・多菲內（Renault Dauphine）汽車。它總是破破爛爛，但這個大學生能夠負擔的就只是這部車。那部汽車的綽號叫「路德」，因為馬丁路德（Martin Luther）那句名言：「這是我的立場。」（"Here I stand." 編按：另可解作「我就站在這裏。」）「路德」經常這樣做——直至一月一個零度以下的晚上，它在一個親戚的標域（Buick）汽車後面於拖索的末尾走它最後的旅程。

馬丁路德拒絕撤回他的神學，對某些人來說可能是勇敢的，但對另一些人來說則是固執。無論如何，這提醒我們神學重要的一點。他不能放棄原來的主張，其中一個原因是除了他一生的信仰旅程帶領他到那裏外，他也不能站在任何其他地方。

所有神學家都是這樣。和所有事業一樣，神學思考必定始於**我們所持的立場**。我們等如說：「就我最好的理解來說，這就是基督教信仰的意思。」是在我們生命、教會和世界發揮作用、對上帝的個人和集體經驗令我們神學地思考那經驗。我們從自己所在的地方出發，有意識地沿著信仰的路尋求更大的理解。

身為基督徒，我們應該知道我們不是獨自在這旅程中。還有其他人好像我們—— 有些走在前面，有些在適當時候會跟隨，有些只是在等候我們給他們點頭同意。我們應該知道，我們不是自行發展。我們是有幫助的。供應或許比我們想像中更足夠，它存在於我們那深印的神學中。藉著從那神學浮現出來的資源中汲取，可以得到更多。沿途還可以找到其他資源。

從神學觀點到神學模板

基督徒已經有神學角度，一個看世界的角度，是他們對基督教信息的信仰的主要部分。神學地看事物就是根據它們與那信息的關係，辨別、關聯和評估它們的意義。在從深印的神學轉向深思熟慮的神學時，我們察覺到—— 或許是第一次—— 我們的神學觀點起**模板**（template）的作用，就好像在神學以外的領域所使用的一樣。

思想的模板

人類的思想以某些不可或缺的結構或模式運作，這些結構或模式組織和理解感官接受的資料。例如：心理學家使用羅夏測驗（Rorschach test）知道大腦根據個人的經驗、情感和智力組織墨迹（inkblot design）；對一個人來說，墨迹的形像令他想到一個美麗的山景；對另一個人來說，同樣的墨迹可能暗示生殖器。我們稱思想的這些結構為**模板**，它們是將資料組織成可以處理的整體所不可或缺的。

讓我們說明一下。經過多年的教育、訓練和實際經驗，一個醫生有一種**醫學的模板**。如果沒有這種模板，他便不可能正確診斷出一個人是健康還是患病。一個病人來到診症室說：「我最近感到暈眩，特別是在站起來的時候。」醫生檢查她的病歷，發覺她正在服食控制高血壓的藥物，於是問了她幾個簡單的問題，是關於身體的位置和活動、疲倦、緊張和聽力的。雖然醫生以平實、不複雜的語言與病人交談，但卻是透過精密的醫學模板來過濾病人的每個回應。這是第二本能；醫生毋須刻意地想起。「呼吸困難——唔，週期性換氣過度……與另類抗高血壓藥物有關的適應症和禁忌症……考慮修改藥物份量，起立性高血壓……」等。這個醫學模板——一個分析性詞彙和診斷性類別的網絡——被加在病人那簡單的話和醫生的臨牀觀察上。它將病人的話和醫生的觀察組織成在醫學上有意義的整體，包括對可能問題的診斷和治療。病人回到家裏時告訴家人：「我沒有問題；我只是要吃一些紅色的藥丸，而不是那些可怕的綠色藥丸。」

醫生的模板和其他行業的技術工人的模板一樣，從他們那學科累積下來的獨特學問和思考形成。沒有模板可以被視為最終和確定的，意思是它掌握了事物的整體意義。

也沒有人單單依賴使用一個模板。例如：負責任的醫生也會應用其他模板（心理學、社會學、法律、宗教）配合嚴格的醫學模板，才對病人的情況下判斷。不過，如果拒絕或忽略自己特別受到訓練去使用的模板，則是不負責任——可能被控治療失當而停職。

神學模板

從事神學思考的基督徒以神學模板運作，這種模板將生命的資料整理和組織。他們使用模板找出事物怎樣存在，預測可能會發生甚麼事，並就信仰要求確定一個處方（一個神學建議）。那是他們用來看世界的鏡片。每個身為神學家的基督徒都有一塊這樣的模板。每塊模板都和其他基督徒神學家的模板不同，也和其他宗教、政治或文化運動的模板不同；它是一個解釋、關聯和評估事物與基督教上帝的信息中的信仰的關係的神學意義模式。

或許，認出神學家模板的關鍵或發現自己的深印神學模板的最輕易方法，是尋找甚麼得到強調。每個神學家都以一套核心神學見解運作，包括自己喜歡的比喻、類別和主題。這些基本的神學見解站在前景，以神學家其他、沒有那麼主要的觀念作為背景。或者，改用音樂作為比喻，我們可以將構成神學模板的主要元素比作旋律線（melody line）：沒有那麼重要的元素則是和聲（harmony）或對位旋律（counterpoint）的音符。

例如**信仰**這個詞是這本書討論神學思考時一再使用的神學模板的一部分。考慮到這個詞語出現得那麼頻密，大部分讀者現在都已經留意到這點。但模板的元素不單關乎密度。（雖然平安夜的講章曾五十次提及天使，但他們在講員的神學模板中可以不大重要。）

模板的元素可以由它們的**功能**辨別出來：它

們是神學家藉以找出自己的方向，用來確定一個解釋、關聯和評估的過程。因此我們提過信仰作為多面的現實，同時是個人又是羣體的；擁抱信念、行動和感受；尋求理解；及其他等等。令**信仰**這個詞成為這本書使用的模板的一部分，不是它使用的頻密程度，而是它的功用。一方面，它將表面看來沒有關連的比喻和概念連繫起來。另一方面，它將最初看來似乎是不能分開地連繫起來的事物加以區分。其他神學家使用和我們不同的模板，可能不會那麼著重使用「信仰」。他們可以選擇另一個主題，或許是很接近的近義詞，例如「基督徒生命」——或一個和我們完全不同的主題強調模式。

所有基督徒都以神學模板運作。負責任的神學家好像負責任的醫生一樣，尋求對別人有幫助，運用他們的模板，相信它是有益的。他們也留意到那模板考慮多少因素，以及有甚麼限制。那模板可能是可供選擇中最好的一個。但我們總能夠從專業訓練和持續教育，以及日常實踐中學到更多。來自不同來源的輸入也有助成熟的神學家發展。

近年神學家的模板似乎變得比醫生的模板更兼收並蓄。神學思考在知識羣體中失去了很多的可信性。很多牧者都受到試探，完全放棄神學模板，選擇他們認為是更當代的世俗模板——政治、社會學或心理學。可惜的不是基督徒使用其他模板（就好像醫生在考慮給病人治療時使用多個模板一樣），而是他們忽略神學模板。他們實際上是出賣自己與生俱來的權利。

所有基督徒都需要以神學模板運作。如果沒有它，對受困擾的會友或一個基督徒的生命中發生的事情的屬靈評估，便肯定不能有充分的神學回應。基督徒的神學模板提供的資源、洞見和視角，是其他模板都不能提供的。缺乏神學模板，當代的基督徒神學家（我們所有人）都可能重複主導文化的資料和聲稱的「智慧」，忽略了基督教那獨一的上帝的信息。

神學模板和任何其他模板一樣，都不是固定的概念框架。它只是一個組織我們對發生在我們和我們關心的人身上的事情的思考的方法。將個人的神學與個人在具體情況下的事奉——有我們的學生、同工、兒女、會友和朋友，甚至需要我們關心的陌生人——關聯起來，是一個動態的過程，在我們生命中的每一刻將我們的神學變得具體。

資源

甚麼元素參與組成一個神學模板？由研究深印和深思熟慮的神學來判斷，最重要有四個：聖經、傳統、理性和經驗。近年很多人都知道這四者是「循道會的四大支柱」（“the Methodist quadrilateral”）。該宗派的會友肯定容許我們在這裏借用這個詞，改作更一般的用途。它可以用來澄清普世信仰羣體共有的關注。

我們承認，說聖經、傳統、理性和經驗是基督徒吸收進神學模板的**資源**可能顯得不尋常。它們通常被稱為神學**來源**或**權威**。究竟神學家應該倚賴所有四種資源或者只是其中一兩種，是長久以來的爭論，而稱它們為資源而不是來源或權威也沒有解決這個問題。這樣稱呼也不是為了解決問題。我們檢視這四種資源的目的是在基督徒致力變得在神學上更深思熟慮時提供幫助。

神學歷史顯示神學家很少甚至不會，不觸及所有四種資源的影響，無論他們是否承認它們的影響。怎能不這樣？神學思考永遠都不能脫離信仰的生活環境。無論那環境是甚麼，聖經、傳統、理性和經驗這些元素都已經在其中某處存在。這些元素進入神學家用來決定信仰問題的模板的構成之中。

自然的發展似乎是，在研究別人的神學和模塑我們自己的神學時，重要的是觀察這些資源用在哪裏，以及每種得到的相對比重。神學思考遠比簡化的總結更為複雜和微妙。決定這些資源在個人的神學中怎樣計算需要小心和徹底的考慮。

聖經

學者有時形容基督教是「那本書的宗教」。好些年前，德國神學家艾伯靈（Gerhard Ebeling）寫道：「教會歷史是闡釋聖經的歷史。」[1]他提醒我們，基督徒稱為聖經的著作集是教會生活和基督教神學必不可少的元素。神學家有時彼此指控對方低估或高估了聖經的價值，誤解了它的意思，或者沒有正確地應用它。不過，這些爭論通常都是內部爭執；沒有嚴肅的神學家否認聖經在信仰的家中是十分重要的。

基督教是建基於歷史的宗教；聖經的其中一個主要價值是它談到那歷史。關於基督教的來源，人們所知道的幾乎都記錄在新約的書卷中。其他提到這信仰的地方，包括那些不被列入在新約的著作，都是對基督教的來源的點點補充一瞥；雖然它們受到歡迎，但和聖經文本相比，卻只有有限的用處。

我們今天熟悉的基督教正典（canon，包括希伯來聖經和新約）是古代教會的遺產。它源自經過幾世紀形成的共識，反映了這些書卷對教會生活的影響。因此，從嚴格的歷史意義來說，聖經和教會彼此相屬，神學家的信仰尋求理解，必須回到聖經的見證。

不過，聖經對神學的重要性不能化約到它作為歷史紀錄的價值。基督徒尋求透過這些著作聆聽來自上帝的信息——上帝的聖言。聖經宣告那聖言，聖言產生以色列的信仰和最早的基督徒的信仰。今天我們仍然透過閱讀聖經聆聽神的聖言。毫不令人意外的是，這些著作在教會有特別的地位，對神學思考也有特別的力量——正典的力量。它們包含神學家必須有的資源。他們的目的是理解信仰的意義。特別是對很多更正教徒來說，一句來自宗教改革的話表達他們持久的信念：聖經是*norma normans sed non normata*——判斷其他準則的準則，但它本身不受其他事物判斷。

其他基督徒則主張*norma normans sed non normata*這句話走得太遠。他們指出聖經著作那在人性和歷史上的有限制的性質。他們指出神學家建構他們的神學和評估別人的神學時，有很多影響產生作用，包括有無意識和有意識的。他們提出任何神學家都幾乎不可能證明自己只會運用 *x* 數目的準則，而其中一個不受其他準則判斷。他們補充說不對任何神學資源進行反詰是危險的，以免神學思考中那檢測系統失衡。由於諸如此類的原因，有些人以*norma normans*以外的話來形容聖經對神學的地位和用處。

在神學中運用聖經一直都是神學中熱門討論的問題：聖經的權威、默示、統一和多元，以及在歷史和信仰中的可靠性都是人們特別關注的地方。每間教會對這些事情都有自己的觀點，也有頗多根本的分歧。我們每個人都應該考慮我們對這些問題的立場。不過，我們不應該止於提出我們對聖經的信念。我們在實踐中怎樣運用聖經的資源也是另一個重要問題。神學家凱爾西（David Kelsey）在《證明教義：近年神學對聖經的使用》（*Proving Doctrine: The Uses of Scripture in Recent Theology*）中指出現代神學家在神學思考中引用聖經經文的四種獨特方式。[2]（他指出這四種方法不是詳盡無遺的。）雖然四種方法都肯定聖經的權威，但卻以不同方式找出透過聖經聽到的上帝的話：作為（1）關於神聖真理的命題，（2）象徵性地表達信仰經驗，（3）敍述上帝的身分，或（4）新生命的存在可能的邀請。

下次聽道時嘗試找出凱爾西的類別吧。牧者引用聖經時，問你自己：這個講員運用聖經要求我做甚麼？或者將同一個問題用在你講的一堂道或教的一堂課：你引述聖經時要求聽眾做甚麼？

神學的老手和新手在聽到我們不能期望任何神學家找出運用聖經涉及的一切，然後才敢提出神學陳述時，都會鬆一口氣。不過，很明顯，稍為深思熟慮的神學家都明白，他們在嘗試評估或建構神學時面對的選擇不只是引述聖經經文。評核對聖經的使用和它的正確解釋是頗為複雜的事情。

雖然在建構一個神學觀點前或許不可能解

決所有複雜問題，但有兩個關注值得細心思想。第一個與**負責任地解釋**聖經有關。聖經經文並不自行發言；每次閱讀都是某人對經文的解釋。對經文意思的實際分析稱為**解經**（exegesis）。（將我們自己的意思強加到聖經上，而不是找出本身已有的意思，這種做法叫**私意解經**〔eisegesis〕。）引導解經的解釋原則稱為**聖經詮釋學**（biblical hermeneutics）。不同時代的解經實踐和詮釋取向都有不同。所有神學家對自己怎樣閱讀聖經經文都應該深思熟慮。

第二個，相關的關注和我們怎樣處理聖經**裏面**的多元見解有關。雖然聖經釘裝成一冊，但嚴格來說，它不是一本書，而是一本經過多世紀寫成的書籍的合集，每一本都反映了自己獨特的來源，處理自己獨特的處境。而且在多本的書中更有多元化的語言運用——象徵、比喻、詩歌、歷史敍事、崇拜材料、法律和口述法令、預言、佈道和教導段落。

這種多元化提高聖經對教會的價值，因為它提供豐富的材料，從多個不同角度宣告信仰。它也提出一個重大挑戰。那些閱讀聖經以便聆聽上帝給世界的信息的人，需要對聖經的多元化內容怎樣貢獻那信息作出決定。往往訴諸某段經文就某個題目所說的話，會被另一段說不同的話的經文反訴。人們的傾向是挑選聖經的某些部分支持自己喜歡的見解——往往稱為支持經文（proof-texting）；這是常見的，以致有人說：「你可以運用聖經支持任何事情。」

除了支持經文外，還有沒有其他選擇？在神學思考的過程中引用聖經的資源，要決定部分和整體的關係，以及整體和部分的關係。對聖經作為整體盡可能多認識，同時又留意每卷書的獨特性，是有幫助的。

找尋重要的主題——創造、約、律法、審判、應許、預言、耶穌、罪、救恩、福音、教會等——也有幫助。考慮這些主題怎樣發展，以及你認為哪些是它們之間的連結點。在整個教會歷史中，神學家都尋求建立一個整體的計劃，整理聖經那多元的聲音。要留意你聽到或讀到的神學家的整體計劃（如果有的話）：他們強調甚麼，他們忽略甚麼，他們怎樣將聖經的線索織成整體的模樣。藉著根據你自己對聖經的持續研究評估他們的努力，你可以對運用聖經作深思熟慮的神學建立一個負責任的取向。

傳統

其中一個防止被現今文化的隱含神學俘擄，或者隨著最新的教義之風飄盪的方法是認真看待傳統的資源。傳統和將一些東西從一個時代傳給另一個時代，以及那被傳遞的東西有關。教會一直尋求在從一個人傳遞給另一個人，從一代傳給一代時保存信仰的完整。上帝那好消息的信息要與所有人分享，直至末時。將這信息傳遞下去，是活躍傳統的動態過程。

傳統也是教會在時間上傳遞下來的思想的總和。不單基督教上帝的信息的內容，也包括教會的教導、著作、禮儀和習俗都被稱為傳統。這個詞差不多成了教會的過去的同義詞。

傳統的意義在宗教改革關於聖經和傳統之間的關係的大辯論中處於最重要的位置。早期的更正教徒強調聖經的重要性，堅持以聖經著作的標準來試驗每一個教會傳統。他們作出一個區別：聖經有神聖來源，傳統則是屬人的，可能錯，因而也可以改革。

羅馬天主教肯定的是「聖經**和**傳統」，不是要懷疑聖經，而是否認兩者有嚴格的區分。傳統在羅馬天主教的神學中有更重要的地位。他們相信默示聖經寫作的同一位聖靈也默示使徒將關於教會的口頭指示傳遞下來。聖靈在整個歷史中引導教會，藉著發展出其他傳統幫助傳遞基督教的信息而保存真理。而同一位聖靈活在信仰羣體之中，令基督徒能夠在教會傳統下正確明白聖經的權威和意義。

歷史往往出現令人驚訝的轉折。重新關注聖經是二十世紀羅馬天主教一個驚人的特點，特別是在第二次梵蒂岡會議（Second Vatican Council）之後。同時，更正教學者則更欣賞傳統，承認聖經經文很大程度上是以色列和初期教會的口頭傳統的記錄。如果更正教和天主教的分歧曾經可以簡單地歸結為聖經對傳統的話，那個時期早已過去。

雖然在實踐中往往得不到承認，但傳統在更正教中扮演的角色，幾乎與在羅馬天主教中同樣重要。更正教徒成為更正教徒——天主教徒成為天主教徒——是因為他們的教會傳遞給他們的東西。每個基督教宗派都尊重自己的傳統，鼓勵會友忠於那個傳統，並推薦它給初信的信徒。

很多宗派都視歷史信經、信仰認信和教義問答為對神學思考特別重要的。在這些情況下，忠於教會傳統的教導被視為和忠於聖經的見證並行不悖。其他人則否認任何正式、教會性的神學標準，相信他們倚靠聖經這個傳統帶來能夠保存真正信仰必備元素的教導，同時又在其他非必要的元素中容許最大的自由。

傳統的神學資源不限於關於教會教義的正式陳述。某些教會也有實踐的傳統是神學思考的重要資源。崇拜、祈禱、詩歌、聖詩、視覺藝術和宗教劇的傳統都是例子。有時一個簡單的動作，或一首聖詩的副歌，對信仰的意義，都可以比任何厚厚的神學巨著帶來更大的洞見。

身為神學家，基督徒不能接受傳統提供的**一切**。傳統的一些元素不配稱為神學思考的資源。它們是陳腐的觀念、負累、討厭的習慣——甚至是毒素，對基督徒和其他生物都有害。深思熟慮的神學家應該聆聽這個警告：「小心篩選傳統，然後才使用。」

傳遞基督教信息的動態過程涉及延續和改變的互動。從一個處境傳遞到另一個處境的任何事物都經過再解釋。當需要以新形式傳遞一些以前用其他形式傳遞的神學觀念時，困難便出現。而隨著時間轉變，不變的言語或行動都可能有新的意義，並失去原本的意義的某些方面。很明顯，傳統是動態的。它是神學思考中活生生、正在生長的資源，讓我們一瞥神在世界持續的工作。

理性

在歷史的不同時間，神學家都倚賴理性提供某些真理，是所有人身為理性的存有都可以接觸到的。以這樣包羅萬有的意思宣稱理性的真理今天十分罕見。（主流的傾向是以理性作為處理神學資源的工具。）理性作為神學資源的用處與我們怎樣小心地思考事情有關。

甚麼構成健全理性的標準是有爭議的。有時人們以正式邏輯和數學的準確作為理想，有些神學家嘗試沿著「硬」或社會科學的路線，跟隨論證的科學方法模塑神學，尋求有同樣確定的結果。不過，其他神學家指出，信仰的事情不能以科學詞彙正確理解。他們提出，科學方法不是正如它往往被稱道那樣確定。他們促請神學家用與科學家不同的方法好好論證。

無論如何，理性是神學思考的一部分。它參與解釋聖經、傳統和經驗。它在日常努力評估對基督教信仰的不同論述，尋找最充分的論述時也扮演重要的角色。而理性在解釋為甚麼一個神學見解比另一個更可取時，也是必不可少的。雖然我們永遠都不能就良好的理性有甚麼本質和準則達致一致的意見，但忽略這經驗法則的神學家是危險的：**神學需要盡可能清晰、連貫和資料翔實**。

資料翔實這個詞語提醒我們，理性在廣義上是資料的來源。在自然科學、社會科學、歷史、哲學和甚至文學及藝術中進行的廣泛探索，給我們大量關於世界的資料。神學家不能避免處理這大量資料。雖然不是所有人都接受那些資料，但它是我們生命中的一部分，是不能忽略的。在嘗試提出基督教信息在今天的意義時，必須考慮在這個意義下以理性為基礎的見解。只有這樣才可能找出那信息在今天的意義，並進而談及它的獨特性。

經驗

經驗在神學思考中扮演重要的角色。有時它得到領導的地位，等同或超過其他資源；明確地提到經驗來支持神學宣稱在這種神學中是著名的。在另一些情況下，經驗的角色很可能在幕後。無論怎樣，經驗作為神學思考的資源都是值得考慮的。

生命的一切——以及信仰生命的一切——都是關乎經驗。每一刻都是身體、感官、智力、情感和靈性層面經驗的一刻：起牀、睡覺、閱讀一本好小說或聖經、投票、做夢、對抗偏見、清潔房子，甚至呼吸。信仰的生命擁抱我們生命經驗的全部。而雖然聖經沒有稱它們為經驗，「經驗」這詞是神學家用來指與上帝的不同相遇，以及察覺到上帝透過信仰來到以色列的百姓、新約的基督徒和今天的我們的統稱。在這意義上，對上帝的經驗是神學不可或缺的資源。

不過，**經驗**這個詞可能會誤導人。說「我剛有一個經驗」本身不是神學的資源。經驗總是經驗**某些東西**。這透過我們的經驗揭示的東西被帶到我們的神學思考中。例如：透過我們閱讀或聆聽聖經的經驗，上帝憐憫的話可能向我們揭示。透過祈禱經驗，聖靈的安慰和使人振奮的同在讓人更全面地認識。透過爭取社會公義的經驗，上帝的聖潔和這個世界那壓迫性力量之間的對比得以揭露。好像這些第一手經驗有助我們明白信仰。而我們第一手學到的東西促進我們的神學，也對別人的神學思考有幫助。

個人和羣體的經驗參與基督徒生命的討論。有信心的人那些突出的屬靈經驗對神學歷史有影響。例如：有些神學家利用保羅在往大馬士革路上的歸信作為基督徒歸信經驗的典範。與忠於馬利亞有關的經驗，包括馬利亞顯現的記述，促成羅馬天主教會關於聖母論（Mariology；馬利亞的教義）的教導。聯合教會的異象帶領聖公會的勃羅脫大主教（Bishop Charles H. Brent）成為二十世紀教會合一運動的先驅。

教會一直都提防所有聲稱為真的對上帝的經驗。有些人聲稱對上帝有直接、特別的經驗，這是值得留意的，因為他們教導神學家提防自封的上帝的使者，有福音以外的啟示。教會歷史裏有很多這種宣稱：好像在瓊斯敦（Jonestown）和韋科（Waco）這種宣稱的可悲結果是聲名狼藉的例子。個別宗教經驗毋須很了不起才能夠在神學上有意義，但所有經驗都需要經過嚴格的神學試驗。

信仰羣體的集體經驗在神學思考上也扮演重要的角色。在一些情況下，這些經驗和特定的神學傳統——例如在聖潔和五旬節傳統中強調聖靈的恩賜；歷史的非洲裔美國人中對公義的社會關注；羅馬天主教和東正教聖餐中透過禮儀崇拜參與上帝的奧祕——密切關連。在其他情況，羣體經驗跨越宗派界限。例如經歷過迫害、貧窮或排擠的羣體的基督徒——無論是在社會還是教會裏面——都可能發覺自己要見證基督教信仰的某些方面，是那些在更舒適的環境中的人不能或不願意辨別出來的。我們最易想到的是婦女和少數族裔的神學見證。他們的思想源自被邊緣化、不公義和不能減弱的盼望等經驗，值得那些其見解一直都主導著神學討論的人留意。

經驗往往可以對過分誇大和虛假的神學主張進行檢驗。例如某位電視傳道人藉著告訴觀眾，如果他們願意將自己的心和銀行戶口交給上帝（金錢要寄給電視傳道人的郵政信箱），便肯定會興盛，從而令自己發財。有些人作見證說他們在捐了大筆金錢給他的事工後得到很多財富。但很多慷慨的捐款人仍然貧窮——或者因為捐款而變得貧窮——卻揭穿了這虛假神學的謊言。

經驗給神學的現實的檢查，不能單靠引述欺

詐的戲子假扮成神學家的例子讓人明白。所有神學家——聖經的作者和讀者，創立傳統和後來嘗試維護傳統的人——都必須明白他們在特定的環境下佔有特定的地位。他們在這個環境下經驗自己、世界和上帝的信息。他們的神學可——以他們的社會經驗——見證信仰的意義那些真實和持久的元素。

留意在不同社會地位的其他基督徒的信仰經驗，是試驗我們持守的神學理解的真實性的一個方法。依社會科學，對任何神學家那以經驗為基礎的假設進行精明而實際的社會分析，是試驗我們神學思考的有效性的另一個方法。

神學思考運用來自經驗的資源。神學有經驗方面的根源。從事神學思考要求基督徒留意自己對信仰的理解，以及別人對信仰的理解的經驗因素。

神學思考的資源是多種多樣的。那些從事神學思考的人會希望檢視神學家對任何特定問題所運用的混合資源。那模板多好地掌握和揭示基督教信仰的意義？它的使用忽略和扭曲了甚麼？他們也會希望在發展他們自己的神學立場時，思想他們在為自己混合這些成份時所採用的菜譜。

簡單來說，基督徒神學家蒙召留意自己神學模板的組成。它有沒有從聖經、傳統、理性和經驗汲取資源？那些資源是否被負責任地運用？我們需要模板，是能夠以那些資源從基督教那關於上帝的信息中那信仰的觀點影響我們對事物的解釋、關聯和評估的。

進深閱讀

Allen, Diogenes. *Philosophy for Understanding Theology*. Louisville: Westminster John Knox Press, 1985. 或許近數十年都沒有人比Allen更有助於向沒有哲學的神學家介紹他們對「哲學和神學」需要認識的事情。

Anderson, William P., ed. *A Journey through Christian Theology, with Texts from the First to the Twenty-First Century*. Minneapolis: Fortress Press, 2000. 這本書讓讀者有機會跟隨基督教神學對話的歷史軌迹。

Collins, John J. *Introduction to the Hebrew Bible*. Minneapolis: Fortress Press, 2004；及Theissen, Gerd. *Fortress Introduction to the New Testament*. Minneapolis: Fortress Press, 2003. 沒有人需要等待學者解釋聖經的意義，但尋求在理解中長進的基督徒則會歡迎富批判性的書籍關於這個題目的洞見。這方面的書有很多；不同宗派教會都有本身的喜好。這兩本是著名、以普世教會為導向的書籍。

Fitchett, George. *Assessing Spiritual Needs: A Guide for Caregivers*. New York: Academic Renewal Press, 2002. Fitchett 提供一個方法衡量人們的屬靈需要。

MacHaffie, Barbara J. *Her Story: Women in Christian Tradition*. Minneapolis: Fortress Press, 2003. MacHaffie 這本是深受尊重的書，專注於婦女對整體教會，包括神學的貢獻這個往往被忽略的課題。

Pinn, Anne H., and Anthony B. Pinn. *Fortress Introduction to Black Church History*. Minneapolis: Fortress Press, 2002. 黑人和非洲裔美國人神學是我們這個時代神學討論必不可少的元素；這本書探討這方面的遺產。

Ramsey, Nancy. *Pastoral Diagnosis: A Resource for Ministries of Care and Counseling*. Minneapolis: Fortress Press, 1998. Ramsey提議一個方法對會友問題進行牧養評估。

Stone, Howard. *Theological Context for Pastoral Caregiving*. New York: Haworth Press, 1996. 對事工——特別是牧養關顧和輔導事工——的任務提供一個神學理解。

註 釋

1. Gerhard Ebeling, "Church History Is the History of the Exposition of Scripture," in *The Word of God and Tradition*, trans. S.H. Hooke (Philadelphia: Fortress Press, 1968), 11~31.
2. David Kelsey, *Proving Doctrine: Uses of Scripture in Recent Theology* (Harrisburg, PA.: Trinity Press International, 1999).

第 4 章

神學方法

關於墮胎和生育選擇的辯論。對幹細胞研究的關注。一位中世紀神學家著作的選輯。一個末期病人決定不採取任何拯救措施，讓自己死去。供應資金在教會興建新的基督教教育樓。美國政府的難民政策。在輔導兒童時運用行為矯正。這些以及其他類似問題都是神學思考的課題。教會內外的文本、活動、處境和事件都可以從神學分析和神學建構中得益。

由於幾乎甚麼都可能成為神學思考的對象，我們應該怎樣選擇值得我們留意的事情？基本的似乎是基督徒想思想他們對基督教關於上帝的信息的理解。但由於他們對關於上帝的信息的理解是在教會中形成，我們也有好理由思想教會的本質。而日常生活帶給我們很多個人、社會和政治問題，是我們不能迴避的。事實是，我們很少能夠選擇首先思想甚麼。更常見的情況是，它們衝著我們而來。

- 你從哪裏開始？
- 你會怎樣進行？
- 你怎樣建立一個神學模板？
- 你怎樣按重要性編排神學問題的先後次序？

諸如此類的問題屬於神學中稱為**神學方法**（theological method）的範圍。這個範圍研究神學的基礎、正確次序和準則。有些神學家專門研究神學方法，用整本書討論這個問題。其他神學家——或許是大部分神學家——則在引言提醒讀者他們採用甚麼方法，然後提出他們的神學的內容。甚至有神學家只是直接進入他們的神學，沒有提到他們採用甚麼方法。

我們無意研究目前神學最流行的方法，或者提出一個最好的方法。不過，在神學思考中變得深思熟慮，確實涉及留意其他神學家採用的方法。自覺的神學家也想清楚自己跟從甚麼特定的神學方法。

神學的出發點

基督教神學是思想基督教在耶穌基督裏的上帝的信息的信仰。信仰和上帝的信息之間的連繫，是邀請我們思想那連繫人的方面（信仰）或上帝的方面（上帝的信息）。

這兩條軌迹帶來以**人類學**或**人**為出發點，以及以**神聖啟示**為出發點的神學之間的區別。人類學的出發點帶領神學家先在人生命的處境中看基督教信仰，然後尋求確定神的信息對世界的意義。以啟示作為出發點的神學家的典型做法是以專注於聖經及／或傳統啟示的上帝的信息開始，然後進而探討它對人的含義。

出發點的問題是重要的。神學家從哪裏開始，影響他們的神學思考會帶領他們到哪裏。每個出發點都有它的好處，也有它的危險。人類學的出發點承認基督教信仰在人類生命的具體、特定處境中發展。但人類學取向的神學家必須提防自己的觀點更受到他們個人、社會或文化環境，而不是基督教信息的獨特性影響。

啟示的出發點的好處是承認只有上帝的信息決定真正基督教信仰的性質和內容。但從啟示的來源工作的神學家需要避免將上帝的啟示和他們自己對那啟示可能會錯的掌握混淆。這種做法的試探是具誘惑力的，或許更是不可能完全避免的。他們也需要關注，在專注於神聖啟示時，他們明顯提出它怎樣與今天世上的人的生活有關。

在實踐中，那些從事神學思考的人——包括平信徒、牧者和學術神學家——都無可避免地以他們此時此地的身分和身處的地位作為出發點。我們可以將這理解為人類學出發點，除了基督徒的身分以及他們身處的地位外：有信仰的人，教會的會友，某程度熟悉聖經、傳統和信仰的語言。他們已經從參與基督徒生活中取得對基督教信息的意義的一些初步理解。

出發點包括基督徒身處其中的生命處境：婚姻中的快樂，對兒女的擔心，希望升職，缺乏金錢，擔心政客帶領國家走錯路，積極參與循環再用計劃。他們可能感到自己是忠誠的基督徒——或許不很聖潔，但卻盡力做到最好。身為教會會友，他們參加崇拜，在詩班唱歌，為喝茶時間預備巧克力蛋糕，奉獻時間和金錢給善終服務。外面世界的問題滲入教會。教會似乎意見分歧，有些會友想與那些問題保持距離，其他會友則促請教會回應問題，增加撥款和開展新的外展計劃。

這些事情中，每一件都是神學的出發點。它們驅使我們思想，在這些情況下，忠於基督教的上帝的信息是甚麼意思。而這涉及尋求明白那信息的意義。

我們神學的出發點決定我們會從那裏去到哪裏，以及我們會怎樣從神學角度看哪怕是似乎最世俗的事情。這可以從一間市郊基督教會的委員會引發的某個爭議表明出來。討論的問題是採用新的詩歌集。多年以來教會都使用從另一間教會承繼而來的詩歌集。很多人都認為那些詩歌已經過時，所有人都同意那些詩歌集已經很殘舊。

委員會中那些忠於宗派的人論證說：「基督徒應該維護某些事情，如果我們維護一些我們需要為自己的教會而維護的事情；我們便不能繼續使用別人的詩歌集。」反對者反駁說：「如果我們是基督徒，人便應該比詩歌集更重要，額外的金錢應該用來捐助給慈善機構。」另一個委員會成員論證說：「如果我們的詩歌使用有性別歧視的語言，我們永遠都不能吸引年青人。」最後負責預算的主席指出：「我們就是不能負擔那開支。」她那錙銖必較的觀點得勝，但卻沒有贏得爭論。爭吵繼續下去。一個委員指摘說：「你就只是想到金錢。」負責預算的主席回應說：「基督徒管家就是要作艱難的決定；浪費金錢是犯罪。」

每個參加委員會的人，或者聽到關於它的閒言閒語的人都有意見。有些人視自己的觀點為神學觀點；其他人則表示他們的觀點是常識。雙方面都只有很少人指出：「上帝根本不會在乎我們是否使用詩歌集。」

那詩歌集大論爭絕對不是日常神學思考的完整例子。它也不是獨特的。例如：湯姆（Tom）從沒有怎樣想過死亡，對死亡和這個過程更沒有任何神學觀點，直到他母親在三年前被診斷出患上末期癌症。**安樂死**（euthanasia）這個詞語令他畏縮，他想起納粹（Nazi）的集中營。但上星期醫生提到撤去支持生命的儀器。湯姆感到震驚；他不知道怎樣想，也不知道怎樣做。他不能記起有任何講道或主日學課堂處理絕症這個問題，除了從童年模糊地明白好人死後會上天堂。他也記得幾年前大學週時一位客席講員不經意地提到「無論天堂或地獄，基督教都是為了活人而不是死人」時引起一陣哄動。一天晚上，湯姆在聖經中尋找「癌症」或這個詞的同義詞，但卻找不到。

湯姆花了很多時間思想上帝對他母親的旨意。這可能不是合適的時間讓他參加神學討論小組，但環境迫使他從神學角度思考。有人希望他向牧者或對這個他正在掙扎的問題進行過深思熟慮的神學思考的平信徒朋友尋求意見。有人也可能希望他的基督徒顧問會對癌症、死亡和這個過程，生命支持系統和醫院的慣常程序有點認識。

神學思考的題目是相當多樣的，而正如湯姆的情況，這些題目通常是由生命的狀況為我們選擇的。即使最學術性的神學也是這樣，雖然這種神學往往完全沒有提到真實世界的環境，其進行方式似乎完全脫離周圍的事件。所有神學都與處境有關，意思是它對信仰的理解反映了神學家生命的狀況。

富創意的神學

無論上帝是否關心教會主日崇拜用哪一本詩歌集，好像這類問題每星期都在數以千計的教會出現。人們不能希望這些問題消失；這些問題是必須處理的。湯姆的窘境沒有那麼平凡，而且明顯更為迫切。我們也不能期望這個問題消失。無論湯姆的神學是否足以應付這個問題，他都需要作出決定，而且很可能在生命餘下的日子，他都要為了那個決定而反覆思量。

我們不難看到，神學家進行思考時，他們需要富創意地思想。神學不是數據處理。它是關乎好像湯姆關於母親的決定或那詩歌集大論爭等問題。我們肯定需要事實；但我們也需要想像力。我們在處理意義，人類的需要，我們與上帝及彼此的連繫，以及上帝介入我們的生命。

在形成同時是富創意和批判性的神學思考取向

時，看一看我們的頭腦處理資料的不同方式或許會有幫助。

兩種思考模式

順序（seqential）思考是線性認知資料處理：A引致B，B引致C，諸如此類。順序思考邏輯性和分析性地運作。它比較、分析、量度和判斷。它依次和按年月順序排列事物。

平行綜合（parallel synthetic）思考看見整幅圖畫或格式塔（*Gestalt*；編按：又譯作完形），以及各部分之間的相互關係。它同時處理資料，沒有分別考慮每個個別因素。它也能夠同時看到好些因素之間的相互關係，毋須將它們按次序排列。它擅長將資料作認知的組織，是觀看和解釋圖畫或照片時需要的。很多資料都同時間得到處理。

每一種思考模式都涉及大部分活動。它們一起提供個人的整體認知功能。每一種認知模式都有能力抑制另一種，藉以解決問題。我們的思想在這兩種思考方法之間轉換，選擇最適合的一種，並抑制另一種。順序思考和平行綜合思考互相**補足**，但卻不彼此取代。富創意的思考涉及發展每種認知的能力，以及學習留意兩種思考模式。

我們大部分人天生都傾向順序或平行綜合思

考。某程度上我們可能要接受自己天生的傾向;沒有人的思考是完全屬於任何一種。神學要富創意,平行綜合思考的出產就需要以順序思考的觀念建構來整合;反過來也一樣。神學思考需要兩種將資料作認知編碼的模式(思想),才能夠有創意。

創意思考

我們有可能在自己的環境和日程中創造一些狀況,並建構神學思考的階段,而最完滿的使用是運用兩種認知(研究者稱這為**雙向認知**〔bilateral cognition〕)。我們稱將兩種思維方式結合為創意思考,只是因為創意要求兩種認知取向。想像是遊戲,也是訓練。創意是靈感,由研究帶來。創意是聆聽和提問。

那些傾向平行綜合思考的人藉著以訓練的學術和邏輯、能夠量度核實的洞見平衡他們的直覺風格,可以明白順序認知的好處。[1]從事日常事奉的人有時未能對準備工夫(也就是資料搜集和分析)供給足夠的注意,甚至視之為純粹頭腦層面的操作而不加理會。結果,深思熟慮神學的神學建構,對事奉的任務可能沒有多少,甚至完全沒有影響;而他們的牧養工作只源自深印的神學。這些人可以從事一些「注水於水泵以便抽水」(“pump-priming”;編按:亦可譯作「刺激經濟的政府投資」）的活動，促進他們神學思考的順序元素。這些活動可能包括每天閱讀聖經和積極朝深思熟慮神學持續發展的神學。

另一種有些基督徒忽略的順序任務是核實。在這方面，思考的順序模式可以藉著將個人的洞見寫下來這個簡單方式得到促進。（教授要求學生寫那麼多論文是有原因的：寫作有助澄清個人的思想。）事奉的經驗是神學建構的材料，除非身為神學家的基督徒花時間——如果需要，作出安排並嚴格遵守——闡述和試驗從那經驗中得到的洞見。核實透過與可能從中得益的人分享我們思想得到的洞見——透過講道、教導和寫作——得到進一步促進。那是參與神學談話。深思熟慮的神學思考是羣體的任務；核實要求我們與別人分享我們的思想。

同樣地，發覺自己比較傾向順序模式整理資料的人需要停止不斷的分析，這種分析可以窒礙想像，妨礙理解。他們需要接受在沒有明顯研究一個特定問題時得到的洞見，並信任和培養這些發現。

聽音樂，彈鋼琴，做園藝，默想，散步或跑步，繪畫，甚至好像摺主日單張或洗車這些不用花心思的工作，都可以容許平行思考出現。屬靈操練也對神學思考十分需要的直覺思考過程有幫助。安排個人的日程，在其中包括一些平行綜合認知的「注水以便抽水活動」會豐富我們的創意思考。

那豁然開朗可以以多種方式出現——一個視覺影像，一個突然的記憶，一些突然出現的意念。在一次牧養探訪中，它可能以浮現到意識的童年記憶、比喻、或聖經故事的形式出現。每當它來到，我們都需要認出它，抓緊它，聆聽它，運用它。

是神學思考的思考是有創意的。它同時倚賴順序和平行綜合認知過程。身為神學家的基督徒有時需要藉著從事「注水以便抽水活動」培養自己創意思考的能力。神學思考是想像、好像工藝般的事業。

初步的程序

神學思考是創意的過程。它注意我們從哪裏開始——那個出發點。問題仍然是：**我們怎樣開始？**我們在詩歌集大論爭，就垂死的父母的生命支持系統作決定，或其他我們面對的問題進行深思熟慮的神學思考時，涉及甚麼事情？教會委員會的成員有沒有甚麼程序可以依從，以致他們的深思熟慮可以比較順利，和更重要的是——豐富他們的信仰？有沒有一些基本元素是湯姆可以掌握，以致在混亂中可以感到有秩序？

我們對我們的基督徒生命中的問題和掙扎進行

深思熟慮的神學思考時，至少需要以下各點：

- 將討論中隱含的對基督教信息的神學理解明確表達出來；
- 檢視那些理解，留意它們的長處和限制；
- 提出考慮到基督教關於上帝的信息，甚麼似乎是對問題最適切的解決方法；以及
- 用神學用語解釋為甚麼我們的建議比其他選擇更可取。

頭兩個任務基本上是**神學分析**（theological analysis）的功能，是開始發現任何問題對信仰那隱含或明顯的理解的神學方法那調查性一面。後兩個任務屬於**神學建構**（theological construction），努力根據基督教信息解釋事情。兩個任務都是富創意、深思熟慮的神學思考所不可或缺的，在實踐中是互相關連和一起進行的。

教會委員會沒有從可以討論的問題清單中選出詩歌集大論爭。湯姆也沒有從要求神學思考的生命危機項目單上選擇垂死的母親的人工生命支持系統這個主題。我們重複一次：我們神學思考的主題傾向自行作出選擇。因此，我們需要知道在別人的神學中，或者在回應自己生命中真實生活的問題時應該找尋甚麼，這樣可以幫助我們以有秩序而不是混亂

的方式進行神學思考。

以下三章會提出三套評斷性練習——實際上是一些問題——可以作為進行神學思考的程序的基礎，可以促進神學的分析和建構任務。第一套根據**福音**（gospel）研究那個問題；第二套以**人類狀況**（human condition）來研究那個問題；第三套評斷研究**基督徒召命**（christian vocation）在有關問題上的含義。

每個問題反過來（雖然不一定順序）都可以應用到我們深思熟慮的神學思考的每一個問題。這些練習肯定不會包括就基督教關於上帝的信息說過的所有話。但它們十分接近基督教信仰關注的核心。在探討這些問題時，基督教信息的廣度和深度都某程度上得以揭示。它們提供一個舞台，讓將來進行更完整的思考。

我們不應該視這些任務或練習為神學事業僵化的規則。它們只是指引。它們可以在教會事務那小衝突的火爆混亂或生死抉擇那使人困惑的混亂中幫助我們。神學方法可以為那混亂帶來一點秩序——不是為了有秩序而帶來秩序，而是為了相信我們的觀點和行動是配合我們的基督教信仰的。它們令基督教關於上帝的信息對我們生命中平凡和重大的事情都有影響。

進深閱讀

Saliers, Don E. *Worship as Theology: Foretaste of Glory Divine*. Nashville: Abingdon Press, 1994. Saliers是今天關於崇拜其中一位最有神學洞見的作者。他在本書探討基督徒崇拜那以上帝為中心和以人為取向的面向。

Thistlethwaite, Susan Brooks, and Mary Potter Engel. *Lift Every Voice: Constructing Christian Theologies from the Underside*. Revised and expanded edition. Maryknoll, N.Y.: Orbis Books, 1998.包括多國籍、多民族、多種族以及在其他方面也相當多元化的出色作者，討論他們目前對經典基督教教義和問題的思考。

White, James F. *A Brief History of Christian Worship*. Nashville: Abingdon Press, 1993. 基督教神學很多都源自崇拜，也在崇拜中最熟悉。White這本書是對基督教主要教會傳統的崇拜一個經典的研究。

Wilson-Dickson, Andrew. *The Story of Christian Music*. Minneapolis: Fortress Press; Oxford: Lion Publishing, 2003. 由於有這本教會音樂的廣泛概覽，每間教會的基督徒都可以將他們自己音樂和詩歌的神學及教會實踐放入恰當的歷史和文化背景。

註釋

1. 參Graham Wallas, *The Art of Thought* (London: Butler & Tanner, 1926)。

第 5 章
福音

你失去工作，沒有多大機會在自己的行業找到另一份工，掙扎著重新界定自己和自己在世界上的位置。

你寡居的母親對你的時間和金錢有愈來愈多要求，為你的婚姻帶來壓力。

所有人都同意牧者需要加薪，但由於人們不大可能會增加給教會的奉獻，那額外的薪金需要從慈惠捐款中支付。

市中心教會的一個委員會成員將一塊明顯的告示放在教會土地邊緣，上面寫著：「私人物業——嚴禁闖入。」

一個正在爆發戰爭的非洲國家有數以千計的人死於饑荒和疾病，但救援人員的資源只夠幫助其中十分一的人。

在詩歌集大論爭中，會友有一個選擇：買新的詩歌集，有包含兩性的語言，以及來自多個文化的詩歌；或者繼續使用舊詩歌集，將金錢捐給一個對抗飢餓的世界組織。

你的地區有國會選舉。身為選民，你可以選擇將票投給一個老練的現任議員，你不完全同意他的觀點，但他卻有政治智慧，能夠有所成就。你也可以選擇將票投給一個有理想的年青候選人，他有很多的計劃改善美國，但卻可能不能有效地實現那些計劃。

對好像這些生命情況的自然、即時回應是問：「你怎樣做？」這是一個重要、必須的問題，不能長期不加理會（參第7章）。但對基督徒來說，還有一個問題需要先回答，那個問題會模塑我們所做的事。那個問題在信仰的核心：在這困境中，福音是甚麼？不是我們做甚麼，而是**在這裏福音是甚麼意思？**我們將會看到，思考福音的意義表示闡述我們基本的信仰委身。

評斷練習一

我們怎樣看生命的危機和困境，我們怎樣神學地思考它們，以及我們因而作出甚麼選擇，有賴我們對福音——上帝在耶穌基督裏的好消息——的理解。福音是基督徒的試金石；它是他們信仰背後，他們所做和發生在他們身上的事情背後的意義核心。因此，在神學地思考任何這些問題上幫助我們的第一個評斷練習，處理**福音的意義**本身對手頭上的問題的影響。三個問題有助對福音的神學思考：

- 福音是甚麼？
- 福音怎樣接觸人們？
- 人們怎樣接受福音及它的好處？

每個問題都開啟一連串在神學思考中要探究的問題。

福音是甚麼？

基督徒使用很多詞語來談及基督教關於上帝的信息的本質。**福音**是其中一個。在普通的希臘語中，它指公開宣告喜訊，例如皇室有成員出生，打勝仗，和簽署和約。基督徒用這個詞來指宣講和教導他們的信仰。他們公開宣告上帝的信息是給全世界的喜訊。他們提到福音表明關於耶穌的宣告。

保羅的書信包含幾個對這信息的內容十分早期的總結。例如：他提醒哥林多教會的信徒，他領受和傳給他們的福音是基督照聖經所說為我們的罪死了，然後被埋葬，並照聖經所說在第三天復活（林前十五 3）。對羅馬的教會，保羅寫到上帝的福音「論到他兒子——我主耶穌基督。按肉體說，是從大衛後裔生的；按聖善的靈說，因從死裏復活，以大能顯明是上帝的兒子。我們從他受了恩惠」（羅一3~5）。

很多類似的福音信息建構在新約其他地方和初期基督徒的著作中出現。在好像馬太、馬可、路加和約翰福音等書上用**福音**這個詞，顯示初期教會也藉著重述耶穌基督的生命、死亡和復活的故事闡明上帝的信息的意義。

確信耶穌在神學上有決定性的重要性，將新出現的基督教從其他信仰羣體區別出來。初期的基督徒宣稱，透過基督，上帝對人類和所有創造的目的得以讓人知道。在新約，這個目的被稱為救恩，上帝的愛，罪的赦免，上帝統治的來臨，上帝的恩典和約。基督徒用這些和很多其他簡稱來指向好消息的意義。雖然它們各不相同，但全都指向發生了的那件改變生命的事件。

對福音的神學思考往往專注於有關它的內容的問題。保羅的總結性陳述提到幾件關於耶穌的事情；四福音講述的比保羅多很多。我們可能問：由於人們用了那麼多詞語來描述福音帶來的轉化，我們可以怎樣將它們整合起來，形成一幅連貫的整體圖畫？例如：為甚麼保羅和其他基督徒神學家說基督的死是

「為了我們的罪」？我們能否解釋為甚麼他們說耶穌的故事改變我們的生命，是人類歷史的轉捩點？

另一條為了澄清福音的意義的神學思考路線，比較福音對人類歷史的「善」和沒有這信息的事物那可悲的狀況。例如：在提到耶穌是世界之光時，約翰福音比較晚上的黑暗和白天的光明。聖經和後期的神學作者作出很多其他比較：那些在罪中死的人接受新生命；那些被定罪的人得到赦免；奴隸得到自由；外邦人變成公民；失喪的被找到；邪惡被公義戰勝；絕望變成有盼望。人們用了很多不同比喻來描述福音的意義。

一個一再出現，用來研究福音的意義的進路，是以它和**律法**這個觀念的關係來討論。馬太描述上帝的福音是上帝的律法，由耶穌正確地解釋。因此，根據馬太的觀點，忠心的門徒主要的任務是服從基督的律法。保羅傳達另一個觀點：他形容福音是律法的實現和終結。新約提到律法和福音，反映了初期基督徒關心根據猶太教的遺產來界定自己的身分。

在宗教改革期間，律法和福音之間的關係成了很富爭議的問題。這些爭論與教會教導的各種順服的工作的關係，比與猶太律法的關係更大。對路德來說，律法和福音是基督教關於上帝的信息的兩面。律法闡明上帝命令人怎樣和做甚麼；福音闡明上帝應許會怎樣和為那些不能完全遵守律法，受到律法定罪的人做甚麼。路德一再對混淆律法和福音提出警告。例如：那些傳講福音表示愛上帝和鄰舍，而不傳講上帝應許在耶穌基督裏對罪人無條件的愛和充滿憐憫的接納（稱義），是將福音解釋為律法。

這裏提出的思想路線並非神學家提出的所有路線。這個練習的第一個問題——福音是甚麼？——的重點是，明白福音的意義是每個基督徒神學家要做的基本事情。我們有沒有接受任何我們可以倚靠的好消息？我們可以與別人分享它嗎？拿撒勒的耶穌在福音信息中扮演甚麼角色？我們怎樣描述福音的影響和好處？找出神學家對這些事情說甚麼，有助我們決定他們真正的立場。澄清我們自己對福音的意義的理解，就是朝真正深思熟慮的神學邁進。

福音怎樣接觸人們？

人們理解耶穌這個人物是上帝藉以讓世界知道那喜訊的途徑。因此，初期基督徒不單提到福音，而是提到耶穌基督的福音；不單提到救恩，而是提到耶穌基督裏的救恩。提到其他認識福音的途徑，被理解為源自上帝在耶穌基督裏所做的事情。耶穌地上的生命很短促。認識祂的那一代過去後，對福音的知識便會消失，除非以其他途徑將福音傳遞下去。

教會理解——而且仍然這樣理解——它自己就是那途徑。它對福音的宣告繼續耶穌的事奉，令上帝的好消息為列國所知道。因此教會是上帝繼續將好消息傳遞給人的途徑。

教會也明白它的聖經是宣告福音的一個途徑。這裏記載了上帝對世界的旨意和行動的故事。為免教會忘記或歪曲福音，它有責任不斷研究聖經，倚賴聖經，配合聖經地生活，並藉著聖經試驗聖經的實踐。

不單聖經，教會的整個生命都要保存和傳遞福音。崇拜、禮儀、聖禮、在外面世界的活動都是傳遞福音的途徑。因此，教會是否讓人認識福音而不是其他信息，是神學的其中一個主要關注。

基督徒可能明顯看到，教會的任務是體現和傳遞福音。這個任務交託給教會，作為來自上帝的恩賜和責任。不過，這些話提出一些嚴重的問題，是深思熟慮的神學需要處理的。例如：上帝給世界的好消息是單在耶穌基督裏讓人知道，還是上帝的旨意也以其他方式，由其他人，在其他時間和地點啟示出來？當提到教會是福音藉以來到世界的途徑時，是否教會以外真的沒有救恩？教會不是同時是有罪和聖潔，因此即使教會證明是軟弱或不忠誠，上帝救恩的應許仍然會來到嗎？基督徒可以怎樣有信心地宣告福音而不顯得沾沾自喜或自大？這類問題肯定需要給予神學上的注意。

這個評斷練習的第二個問題的重點是神學家不能滿足於談及福音，彷彿它只存在於聖經中，或好像太陽的紫外線一樣浮在大氣中。正如保羅說，福音是**盛載**在「瓦器裏」的珍寶。福音是由神學家解釋它怎樣傳遞的。因此，好奇的基督徒想知道：這神學透過甚麼途徑理解要讓世界認識的福音？

對辯論是否購買新詩歌集的教會委員會來說，更清楚地明白教會在傳播福音上的角色，可能有助討論。湯姆已經自行翻看聖經找尋幫助，藉以處理母親即將來臨的死亡，他可能被推動，向教會尋求更多幫助：作為聖經的指南，讓人認識耶穌的福音；以及作為潛在的資源，在作出關於移去支持生命系統這個艱難決定時給予引導和力量。

人們怎樣接受福音及它的好處？

宣告帶來回應。回應得到歡迎或被忽略。福音是宣告事情不再一樣，一些重要得能夠轉化生命的事情已經發生。我們對這宣告的回應是十分重要的。拒絕或忽略這個信息是令自己與上帝不和。好消息已經被聽見，但卻沒有帶來影響。我們從中得不到安慰，也得不到盼望。

神學家往往提出，要以上帝的好消息那好處為樂，需要承認這消息是上帝的，而且它是好的。這種回應稱為**信仰**—— 相信和信任福音，接受和承認耶穌基督。信仰不單表示同意某些話。它表示根據福音來看我們自己的生命和其他一切。它表示委身於過永遠留意上帝在耶穌基督裏的愛的生活。明白信仰——人們怎樣接受福音—— 是神學重要的部分。

那個來到耶穌面前，問祂自己要做甚麼才能夠承受永生的人，是提出這第三個問題（可十17；路十八18；比較太十九16）。福音要求他有甚麼回應？肯定了自己從出生已經遵守了律法後，那個人獲告知惟一餘下要做的事是變賣他所有的，然後分給窮人。為甚麼是這件事？是否正如很多基督徒所說，要將律法擴展和增強，超越它慣常的界限？還是福音以那個人仍沒有做，靠著自己的意志也不能做的一件事來與他對質，從而顯示每個人試圖計算要用多少工作才能夠得到救恩是多麼徒勞？

在耶穌旁邊的十字架上的罪犯也提出這個問題，但他沒有期望自己能夠得到甚麼。他的生命已經完結；他可以做甚麼？他只要求耶穌記得他，但卻得到這個保證：「今日你要同我在樂園裏了。」（路二十三43）從某個意義來說，他的問題本身就是回應。他承認（雖然或許不完全明白）耶穌是誰，提出一個謙卑的要求，可以被視為獻出他僅餘的生命或盼望。

接受福音並享受它的好處是讓耶穌進入你的心，公開承認信仰，接受聖餐，接受水禮，「重生」，悔改，慷慨地施予，參與團契，治死肉體，饒恕敵人，爭取公義，努力追求聖潔，締造和平，服從教會的教導。所有這一切，以及更多其他事情，都在基督徒討論人們可以怎樣接受福音的好處時被引述。

這張清單只是舉出一些例子，顯示對「人們怎樣接受福音及它的好處？」這個基本問題可以給予怎樣的回答。你對這些事項的最初反應值得認真看待。有沒有任何你一直認為是必須的項目是這裏遺漏了的？對基督徒的要求是否太多？例如：你不會說所有受洗和領聖餐的人都接受了一些福音的好處，即使他們沒有很努力地變得聖潔？或許稱這些事情為機會而不是要求會比較好。或許不是。

無論如何，只需要稍為思考，便能夠提醒我們，神學家清楚知道人們怎樣分享福音的好處是多麼重要。神學的任務要求我們對關於上帝在耶穌基督裏的信息怎樣成為今天人們生命中必不可少的力量的宣告——包括我們自己和別人的——作出判斷。

特林布爾一家的情況

約蘭達（Yolanda）和德韋恩·特林布爾（DeWayne Trimble）對在十月教主日學相當熱心。自從去年加入夫婦班後，他們很享受認識其他和他們年齡相若，剛剛建立家庭，夫婦都有工作，獻身於教會的人。他們也享受那班的所謂開放安排。他們沒有固定的講員或正式的課堂計劃，每對夫婦每月輪流擔任老師。有些星期比其他星期好。不同講員就不同題目給予教導，令那班相當有趣。

約蘭達和德韋恩一起構思稱為「重尋自己」的課堂。那是以一本他們一年前看過的書為基礎。那本書講述藉著「重尋最內在的自我，愛和生命那無意識的泉源」而得到和平及安好。作者指出，這是歷代以來所有宗教及哲學的偉大教導的主要目標，也是今天的醫學、心理學和社會科學的主要關注。

留意那本書提出，人們往往忽略的七個關於個人最內在自我的提示，幫助約蘭達和德韋恩度過婚姻中一段艱難的時期。德韋恩現在泰然自若地面對工作壓力，放棄晚上的雞尾酒，將週末留給兒女。約蘭達藉著減肥和塑身得到能量。關於時間管理的建議讓她有鬆弛、恢復精力和參與羣體的寶貴時刻。他們想與班裏的人分享他們生命的新一頁。

特林布爾夫婦在開始分享時指出，耶穌來叫人得到豐盛的生命。然後他們談到「重尋」最內在自我的七個提示，以及這樣做的好處。結束時，他們分享他們怎樣透過重尋自我的過程重新獻身教會。在每次崇拜的祝福中，德韋恩和約蘭達都手牽著手，為了神給他們的祝福而感恩。

進行神學分析的建議

人們因為不同的生命狀況和深印神學而對這個主日學課程有不同的反應。班上有些人可能很想買那本書，好像特林布爾夫婦那樣做。有些人可能想教會更多以這樣實際和有幫助的方式處理家庭生活。其他人則可能懷疑生命的徹底改變是否真的這麼簡單——或者能否真的出現。他們甚至可能感到妒忌或怨恨，認為好像特林布爾夫婦的成功是他們不會有的。那個以後在市郊一直快樂地生活的結局可能令一些人感到討厭。還有一些人會強烈質疑那些重尋自我的提示與基督宗教有甚麼關係。畢竟，他們只是在課程開始和結束時簡略地提到上帝、耶穌基督和教會。肯定有些人會補充說，責備這對夫婦似乎是過分嚴厲，因為那本書對他們有價值，對別人也可能有價值。

在多種不同反應中，我們可以對德韋恩和約蘭達帶來的**好消息**的內容說甚麼？它怎樣接觸人們？

他們怎樣接受它和它的好處？

特林布爾夫婦肯定宣告一個好消息的信息。它的內容是「豐盛生命的愛」。它以所有真誠尋求的人都可能得到這個形式被提出。他們提出這個信息透過聆聽我們最內在自我的真理和依從重尋那自我的不同建議接觸別人。藉著以建議的方式改變我們的思想和行為，我們接受那信息及它的好處。

即使將這「好消息」與聖經和傳統談及的好消息作簡單的比較，也為身為神學家的我們提出好些問題：耶穌基督的故事怎樣和這信息的內容有關連？信仰羣體——它的聖經、崇拜、聖禮和社交生活——在帶來這消息時扮演甚麼角色？那建議，重尋自我的提示，怎樣與基督教關於帶來信仰生命的路的見證一致？那所謂最內在的自我是否基督教神學所說的人類的魂或靈？「生命的愛」是否耶穌基督的生命、死亡和復活傳遞的同一個基本信息？

在回答這種問題時，神學家不應該太心急。我們不清楚這個信息是否要取代或重述基督教的福音。特林布爾夫婦相信那本書的作者是對的——那信息的力量和在耶穌的教導中的力量是一樣的。他們認為聖經所說的「豐盛生命」和那本書所說的「生命的愛」基本上指同一件事情。他們視那七個提示為可以在家裏遵從的屬靈操練，與在教會實行的其他宗教實踐一同進行。特林布爾夫婦將兩者整合，以致嚴格來說，他們沒有想到，耶穌基督、基督教信仰和教會都不是重尋最內在的自我這個計劃所必須的。

深思熟慮的神學家不會讓事情停留在這裏，而是會根據基督教關於上帝的信息來評估那信息的來源和內容。他們需要研究耶穌的教導和聖經「豐盛的生命」這個詞。它們是否支持特林布爾夫婦分享的自助計劃的觀點？聖經其他基本的主題——例如：作門徒的道路是「十字架的道路」這個觀念——又怎樣呢？這和透過「重尋自我」而得到和平的生命這福音怎樣配合？同樣，我們必須研究聖經和教會歷史的屬靈操練，藉以確定那七個提示只是基督教實踐的有用補充，還是完全是與基督教的實踐競爭。（深思的神學家也會想檢視這個「最內在自我」的觀念在心理學理論和臨牀實踐方面有沒有任何堅實的基礎。）

最重要的是，我們需要根據這個信息對神人關係的性質所說的話來評估它。雖然特林布爾夫婦感謝上帝祝福了他們，重尋我們最內在自我的福音本身並不要求他們這樣做。它也沒有提到上帝的目的或上帝的恩典。（這些主題引向第二個評斷練習，專注於人類狀況。我們會在下一章討論這個練習。）

對任何自稱的神學陳述——無論是否在禮儀、教會通訊、受導者的話或關於重尋自我的書籍中出現——都可以也應該提出其他問題。最重要的是，我們必須確立個人自己對福音是甚麼，它怎樣傳遞，以及我們怎樣接受它的好處的神學論述。這樣做是展開深思熟慮的神學的旅程，會成為所有進一步神學工作的基礎。

進深閱讀

Farley, Edward. *Practicing Gospel: Unconventional Thoughts on the Church's Ministry*. Louisville: Westminster John Knox Press, 2003. Farley將神學和事奉的實踐結合起來，顯示福音對我們身為基督徒和牧者所做的事確實有影響。

Pelikan, Jaroslav. *Jesus through the Centuries*. New Haven: Yale University Press, 1999. Pelikan是一位重要的基督教教義史家，他研究從聖經時代到今天多種關於耶穌的口頭和視覺「圖畫」。

第 6 章

人類狀況

每主日在很多基督教堂重複的公開認信的一個版本是這樣開始的：「我們承認我們受罪捆綁，不能釋放自己。我們在思想、言語和行為上犯罪得罪祢。我們沒有全心愛祢，我們沒有愛鄰舍如同自己。」

當然，這是對罪的禮儀性認信，不是對人類狀況的完整論述；但它令我們想起人類狀況的某些方面，是我們在過日常生活時或許寧願忽略的。我們怎樣理解我們身為人類的狀況——不單我們的力量和我們對上帝的寶貴，也包括我們的限制和我們對上帝的反抗——是我們怎樣神學地思考我們生命中的環境和事件的一個重要部分。因此，第二個評斷練習處理人類身處的狀況。（按時代順序來說，它可能先出現，因為我們是誰和身處哪裏是我們所有神學工作的出發點。）它也處理福音在我們生命中帶來的不同，和這改變怎樣出現等問題。

評斷練習二

這些就是基督教人類學——也就是對人的神學理解——的關注。三個問題開展我們對人類狀況的神學思考：

- 人類狀況的基本問題是甚麼？（甚麼是罪？）
- 人類狀況這個問題的解決方法是甚麼？（甚麼是救恩？）
- 這個問題怎樣解決？（救恩的途徑是甚麼？）

很明顯，這些是附有價值，並非完全中立的問題。它們關注限制和可能，區分人類現時的生命和可能變成的生命。它們將我們的視線固定在基督徒神學家長期關注的問題上。

開始時需要提出兩個警告。第一，每個問題的兩部分都是互相倚賴的，每個部分都需要考慮另一部分。因此，在提到人類狀況時，需要將注意力放在罪上面。反過來也一樣。

第二，在做這個練習時，重要的是要在特定和抽象的概括之間來回移動。例如：**罪**這個詞有時有十分具體的意思，有時則很籠統。（我們會在下面第一個問題中更詳細地討論。）特定相對於籠統也是關於人類狀況的一個問題。

除了哲學家和一些文學評論家外，很少人概括地提到人類狀況。他們以明確和個人化的方式處理自己情況的具體事件。為了毒癮而尋求輔導的少年人不大可能用那麼多話來帶出人類狀況這個問題。社區會議的議員在談論鄰舍罪行和警察的野蠻時也不會這樣做。對每個人和狀況的個別性的強烈感覺，對關於人類狀況的普遍性陳述提出健康的懷疑。

不過，我們有理由提出，這種對過分普遍化的懷疑是否過分。安格羅（Maya Angelou）的小說，普拉絲（Sylvia Plath）的詩，幼里匹蒂斯（Euripides）和陀思妥也夫斯基（Dostoyevsky）的作品以絕對的特定性提到他們的角色的生命故事。但那些角色的困難和他們解決困難的嘗試可能揭露讀者自己的人類狀況。它們可以提供神學思考的材料。亞當、夏娃、摩西、米利暗、彼得、多馬、抹大拉的馬利亞和保羅——還有耶穌！——的故事也就上帝和人類之間的狀況提供亮光。

人們面對自己的強迫性行為時，關於人類的有限、會犯錯、道德上的軟弱等的概括評語確實浮現。例如：卡洛斯（Carlos）在妻子和朋友嘗試和他談論他的賭博問題時，只有一個回答：「唔，我只是人。」他表示賭徒和所有人一樣，都是有限制、會犯錯的人，這便為他們的自毀行為找藉口。兩個含義都並非固有地真實的。深思熟慮的思考要求我們將這種對人類本性的概括觀點與個人狀況的特定性連繫起來。

心裏記著這兩個警告，我們進而討論這個練習的三個問題。

人類狀況的基本問題是甚麼？（甚麼是罪？）

有些人類困難似乎沒有解決方法。古希臘悲劇將人類限制的共同經驗放進戲劇中：一個困難出現，雖然人類嘗試克服它，結果卻是早已註定的。聰明和善良的國王伊狄浦斯（Oedipus）開始解開他父親被謀殺的祕密，卻不自覺地為自己和別人帶來災難。亞里士多德（Aristotle）讚美悲劇的淨化作用：它們幫助觀眾接受他們人類狀況的限制。

悲劇在古典文學的對比物是喜劇，這些故事不一定是幽默的，但卻有快樂的結局。人類狀況的喜劇（樂觀）解釋往往在今天很多自助書籍中表達出來。它也支持著現代社會對以科技解決人類困難的普遍信心。成功的電影明星宣告說：「你可以成為你想成為的人。」電視新聞報導說一位科學家認為人類人口的增長永遠不會超過地球的資源，因為肥料或水栽法快速發展；而如果一切都失敗，我們還可以在外太空殖民。

深思熟慮的神學思考的任務是分辨這些和類似的宣稱對人類狀況的隱含理解。一個年青人在五歲時看見父親殺死母親，然後自殺；八歲時走進哥哥房間，發現他因為服食過量藥物而死去；從那時開始不斷在不同的寄養家庭生活；到了十六歲時被診斷出患上精神分裂症；他在一個似乎是極度殘忍的世界中沒有甚麼盼望。他對人類狀況會有甚麼看法？我們必須將他的問題歸咎於他的罪，或者是他父母的罪嗎？還是社會那有罪的缺點引致這可怕的結果？那是墮落的結果嗎？這些問題的答案永遠不是固定的，但可以作為對人類狀況進行神學思考的基礎。

從基督教關於上帝的信息這個角度看我們的人類狀況時，會看到甚麼？聖經記載人類是由上帝創造的。聖經也記載罪總是人類生命中的一個因素。但在聖經和神學中，**罪**這個詞有各種用法。神學家努力清楚表明這個詞的意思。例如：**罪**（sin）指特定的行為，人類的地位或品格，以及一個普遍的問題（與上帝的目標有衝突）。違反上帝的誡命（特定的行為）稱為**罪**（sins）。更概括地說，這種違反一起構成我們的**罪**（sin），令我們每個人都成為罪人。最後，**罪**（sinfulness）是一種狀態而不是一種違背。有人說所有人都在罪中出生，全世界都在罪中失喪。所有人類的狀況都與上帝不和。

嘗試澄清眾數的罪（sins）、單數的罪（sin）和罪性（sinfulness）之間的關係引致神學上一些最具爭議性和分歧的問題。聖經和傳統都記載了一些辯論，是關於人是罪人，是因為他們違反了特定的神聖律法；還是人犯罪，是因為他們是罪人。原罪、墮落和人類墮落的教義更將論點推進一步——暗示有罪在某意義上是人類生命不能逃避的特點。這些觀點被批評為悲觀，不明白上帝的良善和公義，與人類的自由和問責不一致。即使這樣，它們揭露基督徒生命一些最令人疑惑的經驗。例如：有與上帝的旨意有衝突的經驗，是我們不再能夠如保羅般承認：「我所願意的，我並不作。」

理解罪是給所有從事神學思考的人的挑戰。那困難的其中一個原因是，對很多稱為罪的態度或行為，從沒有大家都同意的清單。例如：在古以色列，男人的兄弟死後，如果他拒絕娶兄弟的寡婦為妻，便會被視為罪。在莎士比亞（Shakespeare）的時代，正如《哈姆雷特》（*Hamlet*）告訴我們，這種婚姻被視為亂倫，是有罪的。今天很少基督徒會稱這種婚姻為罪。他們很可能會說，重要的是婚姻是否建基於雙方真正自願、愛和委身的關係。

這個說明提醒我們，在某個文化背景或社會環境下被視為罪的行為，在另一個文化背景或社會環境下可能不會被視為罪。甚麼命令或禁令有持久的效力；甚麼隨著時間過去，應該失去效力；是需要由神學家決定的。照顧家庭的責任和禁止亂倫的婚姻在猶太教和基督教中都有持久的效力。隨著時間而改變了的，則是對構成家庭成員的生物、法律和道德關係的正在改變、文化接受的觀點，這些責任與它們的關係。有些神學家嘗試藉著更詳細定義罪來處理這些問題。不過，其他神學家則傾向更廣義地定義罪—— 例如：作為做一些傷害別人的事—— 以致這個詞適用於更廣泛的環境。

人類狀況是那麼多面和複雜，以致沒有任何單一的觀念足以描述它。為了掌握它的完整意義，我們必須使用多個詞語。對眾數的罪、單數的罪和罪性的意思的範圍有清楚的理解，是神學思考必不可少的部分。

人類狀況這個問題的解決方法是甚麼？（甚麼是救恩？）

人有困難，有些是嚴重的—— 這就是人類的狀況。關於我們的困難能夠解決的話是好消息。從基督徒的角度看，或許我們所有困難中，最基本的是怎樣與上帝、別人和創造有正確的關係。

基督徒神學家往往論證說，人類狀況的真正性質只能夠藉著與上帝在耶穌基督裏的救恩信息作對比來掌握。救恩代表健康、整全和拯救。它只是基督徒在談及福音帶來的決定性改變時使用的好些意象的其中一個。其他還包括赦免、祝福、救贖、和好、稱義、成聖、新生命和豐盛的生命。

從一開始，基督徒便談及救恩作為張力：已經存在，但有待完成。例如：主餐指預嘗天上將來的筵席。基督徒的生命被稱為現在有自由和喜樂，將來有盼望。救恩的戲劇在歷史的過程中展開，將它的現在與它將來的現實分開的試探有時證實是難以抗拒的；有些神學明顯地是現世的，另一些則明顯是他世的。

基督教救恩論（soteriology；關於救恩的教義或研究）嘗試區分在救恩的現實中，上帝的行動和人的行動的角色。很少神學家會否認救恩是上帝的恩賜，或斷言人類拯救自己。有些強調救恩只是上帝的工作；另一些神學家則發現這種觀點沒有考慮人的任何參與。恩典是否無條件和不可抗拒的？還是它是提供給人，人有自由接受或拒絕？上帝的國度由上帝直接介入而帶來，還是人的努力有助在地上建立這個國度？

這個問題怎樣解決？（救恩的途徑是甚麼？）

基督徒宣告的救恩總與耶穌的位格和工作有連繫。人們說祂是道路、真理、生命。耶穌的特別地位是**救主**。神學中稱為基督論的分支的任務是就基督的工作和位格建立正確的教義。

但在初期基督教，「道路」不單指耶穌，也指教會的生活。道路是基督有信心的門徒依從的路徑，他們藉著宣告救恩的福音繼續祂的事奉。宣講和聖禮，正如宣告這信息，都是恩典的途徑。上帝的恩典具體上怎樣靠這些途徑傳遞，是教會論（關於教會的教義）的關注。

身為教會的會友本身是否恩典的途徑？*Extra ecclesiam nulla salus est*（「教會以外無救恩」）這句話在歷代基督教神學中都被重複。在教會的建制以外真的沒有救恩嗎？那些因為環境而與其他基督徒分離的基督徒又怎樣呢？基督徒的道路在哪些方面是上帝的道路的同義詞？

神學思考是需要的。無論那思考得出甚麼答案，都會對基督徒面對的特定問題有影響。例如：如果教會被視為恩典的惟一或主要途徑，反對購買新詩歌集的教會委員會成員最好細心看舊詩歌集中那些詩歌的歌詞，然後才投上他們最後的一票。湯姆在他的困境中，可以不單以教會的支持，也以教會的引導（或甚至權威）圍繞自己和母親。

罪、救恩和人類狀況

對好像罪、救恩和罪人怎樣得救這些重要事情的觀點在神學中不是孤立地出現的；它們彼此相連，不能分開。可惜在教會和基督徒生命中，它們之間的連繫可能是模糊和不確定的。例如：牧者可能在降臨節第三個主日講一堂關於罪的道，是與接著那個主日關於給飢餓的人食物的道沒有能夠辨別出來的連繫的；而兩者與平安夜關於道成肉身的道都似乎沒有關連。簡單來說，崇拜的人需要處理那些隨意的信息，除非牧者幫助會眾得出一個連貫的意義系統所需要有的關係。

對罪、救恩和恩典的途徑的歷史神學分類作最低限度的總結，可能就與這些主題有關的問題提供洞見。基督徒對**罪**的觀念似乎分為四類：視罪為基本上是忽略，會腐敗的必死性，被破壞的關係或疏離，以及捆綁或壓迫。關於**救恩**也有四種相應的神學主題：帶來真知識，不會腐敗的不死性，和解（稱義）和自由。最後，**救恩的途徑**也有四個平行的種類：耶穌被視為智慧的教師，勝過死亡的得勝者，被釘十架和復活、恢復與上帝的正確關係的那一位，以及解放者。

這個分類必定是過分簡化的，但它的意象在神學歷史和聖經中一再出現。我們很少找到詳細的神學陳述是只運用其中一類，而完全排除其他類別的。這表示人類狀況的問題是那麼多面，以致基督徒如果不將這些信仰的主題結合，便不會感到滿足。

這樣將象徵混合，有助令禱告和崇拜的語言變得豐富，但也可以令教會會友感到混亂。尋求對罪、救恩和罪人怎樣得救建構充分的觀點的基督徒，有責任認真看待基督教語言的多元化，留意這些事情的多元觀點在甚麼時候並不完全協調，但卻提供不同層次的意義。

農民大戰爭

宗教改革時期的德國農民普遍在經濟和社會方面都受苦。長久以來，罪行、疾病、飢餓、壓迫和早死都是他們的困境。對抗富有和有權勢的人的零散、局部叛亂並不罕見。其中一次這樣的動亂在一五二四年夏天在黑森林（Black Forest）區爆發。這場動亂很快擴散，而這場激烈的衝突後來被稱為農民大戰爭。

農民大戰爭的範圍和強烈程度令它與以前的叛亂都不同。另一個獨特之處是廣泛使用與馬丁路德號召教會改革有關的口號（例如：真正的福音，基督徒的自由，唯獨聖經和信徒皆祭司）。不過，這場戰爭本身卻不是確立信義宗（Lutheranism）的嘗試。農民最著名的要求——一五二五年的「十二條」——主要集中在經濟問題上，包括容許捕魚、打獵和鋸木，調整租金，減稅和給教會的什一奉獻，以及正當施行公義。農民也堅持每個地方團體都要得到容許，挑選自己的牧者，而「由於基督流出祂的寶血救贖我們所有人」，農奴應該得到自由。「十二條」解釋說「所有條款的基礎」都是渴望根據福音而生活，是公平的基督徒要求，只有「某些反基督徒的人和福音的敵人」才會反對和尋求壓抑。[1]

路德開始時以調停人的身分回應。他承認自己同情農民，並批評貴族麻木地不理會農民的合理要求。但他也譴責農民自己執法，以暴力侵害別人和他們的財產。但隨著暴亂變得（在路德眼中）愈來愈過分和具煽動性，路德在稱為「反對農民的謀殺和偷竊暴亂」的小冊子中抨擊農民，號召貴族使用武力鎮壓暴亂。貴族實在不需要路德的勸告。在小冊子出版時，他們已經在進行反攻。在很短的時間內，動亂便被鎮壓。

給神學思考的建議

歐洲領主和農民的封建制度早已成為過去。即使這樣，支持某一方的衝動還是難以壓抑。這件早已過去的事件的獨特性似乎不及它的象徵意義重要。農民代表世界受壓迫的人，或者因為想改變自己的狀況而訴諸暴力的人。貴族同樣代表壓迫者或法律和秩序的維護者。路德代表教會和每一個會友，他們必須決定在經濟和政治動盪的時候支持哪一方。

歷史學家可能促請我們對衝突採取冷靜、公平的觀點，但自從農民暴動以來，每個世紀的基督徒都發覺他們很難對路德不採取事後批評的態度。有些人認為路德的回應是教會紀錄上的一個污點；另一些人則相信這是恥辱，但他做了應該做的事；還有些人認為他應該採取更強硬的立場對抗無政府狀態和叛亂。

雖然十六世紀的德國和二十一世紀的經濟和政治系統有分別，路德時代的好些神學爭論點現在仍然存在。今天處理這些問題並不比路德那時容易。使徒保羅相信，政權是由上帝設立的，基督徒有責任服從它們。在一系列廣泛的政治系統——由民主到暴政——中，這是甚麼意思絕對不是顯而易見的。在美國，教會和國家不像十六世紀的德國那樣連繫起來，當時農民指控他們（名義上）的基督徒統治者反基督徒，是福音的敵人。農民雖然堅持一切要根據上帝的話而進行，但卻沒有尋求建立民主，或者給每個人宗教自由。現在和當時，基督徒都可以同意，他們的信仰要求他們為了和平而努力，但對使用武力帶來和平是否合理，基督徒卻有不同意見。

在回應這個個案研究時，將其中涉及的不同問題分開是明智的。最重要的問題包括專注於人類狀況的評斷練習處理的問題——基督徒對罪、救恩和救恩的途徑的理解。沿著這些路線進行的神學思考不能歸結到對十六世紀的事件簡單的支持或反對回應。藉著多了解那個時代，特別是農民和路德的思想，對我們會有幫助。不過，這些問題本身是長期的，不能單靠參考歷史來源而負責任地回答。

深思熟慮的神學家在這特定的事件中深入對信仰的基本理解，然後才決定它對今天的基督徒生活有甚麼象徵意義。我們不應該輕視農民的異象。即使在公地鋸木是他們其中一個要求，說他們視人類狀況的問題只是缺乏木材，真正的解決方法（救恩）只是有更多木材供應，便是誤會了重點。毫無疑問，對這個要求的積極回應會受到農民歡迎，可能也可以恢復和平——至少持續一段時間。農民的主要神學關注仍然會存在。對農民來說，人類狀況的基本問題是缺乏信仰、違反聖言的真理的統治者控制上帝的創造，與邪惡和壓迫的勢力合謀。這個問題的解決方法是根據上帝對世界的目的重申公義和自由的統治。這個結果可以藉著揭露不公義的管家，訴諸對基督教的教導重新委身，最終用武力推翻壓迫者達致——好像上帝從法老的手中解放以色列的兒女一樣。

在路德回應叛亂事件中，有幾個問題需要考慮。雖然路德同情農民的困境，並批評貴族的不公平和硬心，但他否定搶劫、謀殺和破壞是可以合法地訴諸福音的。他拒絕基督徒的自由表示脫離身體重擔這個觀點。他支持順服世俗權柄這個命令，並嚴格區分「兩個國度」——世界的國度和上帝的國度。這些問題的每一個本身都是神學問題。事實上，對路德的深思解釋者往往指出路德對宗教和政治之間的關係的考慮明顯有內在的不一致。

不過，在整件事中，路德對人類狀況的評估，都與為叛亂辯護的著作所表達的不同。對路德來說，人類狀況的基本問題（包括農民的方法的問題）是罪，他認為這基本上是與上帝關係破裂。人類受造是要與上帝和彼此有正確的關係，但他們卻背棄了創造主，尋求自主。好像浪子一樣，他們與賜他們生命的那一位疏遠了，做各種邪惡的事。路德認為這種疏離的惟一解決方法是上帝的恩典——也就是雖然我們犯罪，但上帝仍然赦免和接納我們。這拯救是透過賜下律法和差派救主耶穌基督而實現。雖然律法限制行惡的人，並限制我們人類加諸彼此身上的一些破壞，但它主要是驅使我們走向基督。即使我們盡最大努力守律法，也只反映我們無望地不能達致無罪的完美。正如路德寫道，我們所做的一切都「染了罪」。沒有出路，除了承認我們的罪，將自己置於上帝的憐憫之下。

在這個案上浮現的兩個對人類狀況的不同觀點，在聖經和傳統中都找到支持。理性的論證兩者都可以支持。基督徒的經驗似乎顯示，一方面好像路德那樣對人類狀況的觀點，專注於罪作為與上帝的關係被破壞，往往被環境好的人用來維護自己的利益。另一方面，好像農民那樣視罪為不公義和壓迫，都往往被用來支持以一羣不公義的統治者取代另一羣。兩個結果都不是農民或路德真正支持的。

如果十六世紀的智囊團討論這個問題，支持農民的觀點的人可能承認，雖然他們的事業是正義的，但遺憾的是他們的手段涉及邪惡的行為。那些支持路德的觀點的人可能承認，正如一個好的轉變值得有另一個好的轉變，我們可以預期有罪的領主的邪惡，會引致他們有罪的臣民施行邪惡。不過，雙方的分歧會很難消除。路德會堅持單單行為——無論是貴族或是農民的行為——不能解決人類狀況的基本問題。解決只能夠來自上帝的恩典。農民則會堅持無論上帝的恩典還有甚麼其他意思，它都必須包括決定性地重整人類關係，達致更大的公義和自由。

當然，對人類狀況的不同觀點本身不能完全解釋為甚麼在這特定處境中農民叛變或路德那樣行動。深思熟慮的神學家甚至可以同意農民對人類狀況的立場，但卻拒絕容忍大規模叛亂和無政府狀態；或者同意路德，但卻尋求推翻具壓迫性的執政及掌權的。無論基督徒對信仰的理解號召他們採取甚麼行動，那都錯綜複雜地與他們對人類狀況的觀點有關。

進深閱讀

Birch, Bruce C., and Larry L. Rasmussen. *The Bible and Ethics in the Christian Life*. Revised and expanded edition. Minneapolis: Augburg, 1988. 聖經對罪（和它的同義詞）有很多和多種提及方法，在決定擁抱或砍下某一棵樹前，最好先研究一下整個樹林。Birch和Rasmussen沒有假裝能夠回答基督徒的道德困境，但他們為深思的基督徒提供視角和很多洞見。

Ray, Stephen G., Jr. *Do No Harm: Social Sin and Christian Responsibility*. Minneapolis: Fortress Press, 2003.路德對農民暴亂的回應仍然是一個很富爭議的問題；它就「人類狀況」和基督徒對此的回應提出一個持久的神學關注。Ray這本書對眾數的罪、單數

的罪和罪性的社會面向的論述，是資料翔實和發人深省的。

註 釋

1. 例如：參“The Twelve Articles of the Upper Swabian Peasants,” in *The Radical Reformation*, ed. and trans. Michael G. Baylor (Cambridge: Cambridge University Press, 1991), 231~238。

第 7 章
召命

所有基督徒都蒙上帝呼召……但我們蒙召**做甚麼**？上帝要求我們去哪裏？我們蒙召做甚麼？基督徒理解自己是蒙上帝呼召的——呼召成為真正的基督徒，上帝在耶穌基督裏的福音的忠實見證人。這個責任的神學詞彙是**召命**（vocation）。它指在個人生命的處境中忠心的呼召，這包括個人的社會崗位（年齡、性別、婚姻狀況、種族、民族遺產、經濟地位、能力）、個人的工作（主婦、農夫、教師、勞動者、技術員、保健員、表演者）、個人的地理位置（亞洲、歐洲、非洲、市區、郊區、沙漠、高山），還有最後，但肯定不是最不重要的，是個人在教會整體事奉的參與（東正教、羅馬天主教或更正教的某個分支）。

在嘗試理解信仰的意義時，基督教神學無可避免地關注召命的問題。不過，在神學著作中沒有召命這個主題，例如「基督教行動的教義」。基督徒召命包括很多而且不斷擴展的關注。技術進步和現代生活的複雜，在我們努力對我們身為基督徒在世界的角色和行為作神學思考時，帶領我們進入新的領域。

從神學的立場看，基督徒行動的問題只能夠從正確理解福音信息表達的信仰，宣告上帝在耶穌的位格中採取了轉化生命和改變世界的行動這個角度來理解。

這個宣告要求人作出信仰的回應，並要求創造一個忠心的羣體——教會。神學家強調信仰的生命本身就是呼召：教會和它的成員蒙召在世界上好像上帝旨意忠心的見證人那樣生活。信仰羣體有上帝所賜的使命（mission；來自拉丁語*missio*，意即差派），每個成員都有上帝所賜的召命（來自拉丁語*vocare*，意即召喚或呼召）。他們以他們過的生活實現這呼召。因此，神學的一個主要任務是描述基督徒呼召的意義。

以最廣義的意思來說，基督徒的召命包括由信仰羣體作為整體一起採取的行動，以及由它的成員各自獨立實行的行動。這種集體和個別召命的混合包括歷史神學談話，和在當代每天的教會討論。

在關於教會的本質的神學論述中，教會的召命是典型地用以言語和行動、崇拜和聖禮宣告信仰，建立信仰羣體、服事的行動、和好及公義和締造和平等這樣廣義的題目來描述。

每個個別基督徒的召命也同樣是多重的。它包括貢獻教會，實踐它的使命。它包括在日常參與世界的特定性中好像基督徒那樣行動。十六世紀宗教改革家——特別是馬丁路德——的神學著作特別留意基督徒召命的這方面，它從那時開始便在更正教中得到廣泛承認。雖然好像按立的事奉、聖品和宣教活動等特別的事奉都是高尚和尊貴的呼召，**所有**基督徒都蒙召在自己的生命處境中作上帝忠心的僕人。無論他們有甚麼年紀、性別、婚姻狀況、種族、健康狀況、職業、社會角色或天分，基督徒都要在他們所做的一切中事奉上帝。

在最近的地區教會報章中，我們看到很多關於基督徒蒙召做甚麼的（或許是深印的）神學觀點。以下是從那一期的一些節錄：

- 「上帝呼召基督徒做好事。……也就是說，在你們的學術活動中，你需要分出時間，作為上帝的兒女在教會聚集。」

- 「或許這就是現時正在困擾我們教會的事情。我們忘記了如果別人要看到耶穌的臉，我們這些自稱為祂的追隨者的人必須親密地學習祂的特點，以致我們的臉公開地宣告祂的信息。」
- 「我說如果基督教是真的，那麼這就是要我們有徹底不同的生活方式和價值觀的呼召。……因為我是基督徒，我在報告中盡最大努力做到公平和準確，將個人的偏見放在一旁。」
- 「偏狹和種族歧視的語言，無論是甚麼種族、宗教或民族背景，都與我們每個人的信仰的基本原則有衝突，對此我們不可以沉默。」
- 「我們重新委身於共同見證的呼召……不是呼召我們在教會多做一件事；它是呼召我們忠於我們基督徒身分的本質。上帝總是呼召上帝的百姓積極和參與找出新方法服事上帝的事業和上帝的教會。」

我們還可以加上無數其他觀點，因為基督徒花很多精力、思想和談話在召命上。他們的聲音並非總是和諧的，但這個問題對他們明顯是重要的。而正如從教會報紙的摘錄顯示，這些評語往往以道德的詞彙說出，而且傳遞一種道德責任。這毫不令人驚訝。「甚麼是要做的正確事情？」是每個個人或羣體面對的問題。回答這個問題不單涉及考慮那情況本身，也要考慮人們的道德觀點。基督徒往往提到基督徒或非基督徒的行為。這樣做時，他們以自覺或隱含的道德系統解釋他們遇到的情況。

但問「**基督徒**蒙召怎樣行動？」表示身為基督徒需要有行動，而這些行動可能與基督徒以外的標準不協調。這也表示有基督徒特定的理由來行動，以及基督徒特定的條件決定甚麼行動配合上帝的旨意。基督教的歷史顯示，對這些基督教特定的因素，沒有教會或教會的成員同意任何單一的定義，雖然他們都假設，無論怎樣理解，這些因素對基督徒生命都有決定性的重要性。委身的基督徒理解自己是有責任持守某些價值觀和在反對別人時採取某些行動。

所以，「基督徒蒙召做甚麼？」這個問題是教會不能逃避的考慮。基督徒在他們面對的每一個處境中決定怎樣做時，這個問題都起作用。

評斷練習三

承諾做一個關於基督徒召命的評斷練習會令教會成員變成更好、更忠心的基督徒是自負的。畢竟，思考信仰呼召我們做甚麼是一回事，跟從那個呼召卻是另一回事。對此，聖經和傳統都提議由聖靈加力而更新和增強信心。但神學思考在我們尋求過基督徒生活時，有助澄清和引導我們的行動。

三個問題有助神學地思考基督徒召命。

- 基督徒蒙召做甚麼事情？
- 實行一個事奉或行動的原因是甚麼？
- 為甚麼在某個特定情況下，某種行動方式是最恰當的？

在開始第三個練習前，需要先提出一些評語。首先，和其他練習一樣，這個練習是要走近神學的關注的核心——在這裏是對基督徒行動的神學關注。同時，開放式問題容許我們處理多種不同環境。這個練習只是一個快速的研究，最終應該引向更全面的神學思考。

第二，事奉、事情和行動是當為同義詞來使用。我們也可以恰當地使用**事工**（ministry）這個詞，因為事工的詞根的意思是事奉。「事奉」將關於人的行動和關於基督徒的事工連繫起來。雖然每個人都行動，基督徒神學思考特別關注基督徒怎樣蒙召行動。從神學立場看，這些行動是基督徒對上帝給世界的信息的信仰產物。它們是基督徒藉以事奉上帝和鄰舍的途徑，而在這樣做時，他們承擔他們蒙召承擔的事工。

基督徒蒙召做甚麼事情?

每個現實生活的情況都是神學思考的機會。例如:當一個同事提出一個關於種族方面的詆毀時;一個無家可歸的人干擾教會會議,要求施捨時;晚間新聞報告另一個國家有饑荒時;中學附近開設了一間「成人書店」時;即將舉行的選舉包括就同注分彩賭博法的全民投票時;或者有傳聞說牧者有婚外情時;基督徒蒙召做甚麼?

這些以及無數類似的情況在教會生活中出現。教會中的人表達他們對基督徒應該怎樣回應世界發生的事情的意見。這條評斷問題可以應用到這些情況本身,也可以應用到其他人制訂的法律、規則和指引。

聖經吩咐基督徒成為上帝的百姓,列國的光,他們的言語和行為要讓世界知道上帝的旨意。這召命包括記得上帝所做的一切,也包括委身於表明祈求「願你的旨意行在地上如同行在天上」是甚麼意思。

從最早開始,基督徒便將他們的召命理解為同時是要懷著感恩接受的恩賜,又是需要承擔的責任。基督徒以多種方式解釋這個呼召。例如:基督徒蒙召敬拜，洗禮，守聖餐，建立教會，不住地禱告，盡心、盡性、盡意愛主他們的上帝，愛鄰舍如同自己，饒恕那些迫害他們的人，譴責魔鬼，抵擋邪惡，尋求公義等等。

這些命令雖然多樣化，甚至有衝突；但對基督徒來說，卻是忠於召命的方法。從聖經及傳統的不同觀點中分辨出對基督徒事奉最恰當的理解，在教會中一直都是有爭議的事情。文化價值觀不自覺地影響基督徒對自己召命的觀點，有時甚至很難區分甚麼是基督徒的價值觀，甚麼只是社會的規範。

不同宗派的神學遺產對基督徒蒙召做甚麼，以及評估他們行動的某些標準都有某種理解。我們不能否認，在教會中總是談論——甚至是激烈地辯論——基督徒應該怎樣行動。教會成員對基督徒行動的標準總是有分歧的，他們稱讚或譴責別人的觀點。當教會因為對基督徒召命的不同理解而不能以一把聲音或一致地行動時，便出現激烈的爭論。這些衝突在教會特別使人感到痛苦；畢竟基督徒得到指示，他們的行動要促進合一、和平及愛的和諧。

基督徒那由上帝賜下的呼召，無論怎樣界定，都不單是需要相信的事物，而是需要承擔的任務。它是在特定的環境下實行——在家裏或工作場所，在社會和文化事務。神學思考要求基督徒繼續考慮他們蒙召採取甚麼行動。

實行一個事奉或行動的原因是甚麼?

關於基督徒召命的評斷練習的這第二條問題檢視為甚麼任何行動應該被視為基督徒應該做的事情。雖然人們往往似乎單從習慣而行動，但倫理分析反映了人類的行為本質上是受到推動和有目的的。普通的談話指出這點:「你認為你在做甚麼?」「為甚麼你那樣說?」「甚麼令你那樣做?」別人嘗試令我們停止做某些事情或甚至提議一個行動方向時，我們很可能會問為甚麼。(我們在大約兩歲時已經開始這樣做!)說服別人的努力總是經過計算，要為那要求提供一些理據，即使那只是一個沮喪的父母無計可施時的話:「因為我這樣說。」

經驗表明，我們行動的原因有時是很難確定的。它們深深植根於我們裏面，是那麼微妙或複雜，以致我們很難觸及。不單這樣;我們採取那行動的原因有時顯得(甚至對我們自己)好像很差的藉口或合理化。別人嘗試說服我們做某件事時給予的原因也可能顯得造作。即使這樣，對人類行動提出或得到原因，都是生活必不可少的部分。

關於行動的原因的神學思考必須至少處理三個

關注。它首先尋求揭示行動背後的真正原因。其次，它嘗試從為某一特定行動給予的所有原因中，將獨特的基督徒原因區分出來。第三，它檢視那些原因是否足以支持某一特定行動。畢竟，真誠地嘗試忠於我們的基督徒呼召，不一定表示任何提供的行動都是惟一忠誠的行動。

- 簡單來說，我們問：
- 甚麼是**真正的**原因？
- 甚麼是**基督徒的**原因？
- 它們是否**充分的**原因？

在整個教會歷史中，基督徒就自己採取的行動給予的典型原因結合了「**因為**」的原因以及「藉以」的原因。基督徒「因為」的原因提到一些基督教信息的假設引致某些行動。例如：人們說我們蒙召愛別人，因為基督先愛我們。或者我們蒙召致力和平，因為耶穌說：「使人和睦的人有福了。」或者我們被要求游說國會停止資助由宗教團體辦的學校，因為我們的宗派堅持嚴格的政教分離。

另一方面，基督徒「**藉以**」的原因提到一些基督徒相信是重要的目標或結果。因此，人們可能聽到基督徒說教會應該支持派遣聯合國維持和平部隊到某些暴力行為嚴重的地區，藉以帶來上帝希望祂的百姓有的和平。或者有人可能說基督徒應該慷慨捐贈給教會的日間護理中心，藉以在放學後的時間為所有有需要的小孩提供安全和完備的環境。

為甚麼在某個特定情況下，某種行動方式是最恰當的？

檢視過不同行動的原因後，我們發覺大部分需要進行神學思考的事件（例如詩歌集大論爭、湯姆那可悲的困境和無數其他例子）都要求我們選擇某種行動或事奉，排除其他一切。關於召命的第三個問題處理那排他的選擇的恰當性。

讓我們以一個個案研究開始。一個星期三晚上，一個無家可歸的人走進聖安得烈教堂（St. Andrew's Church）的崇拜委員會會議中要求幫助。教會的風琴手從椅子上跳起來，帶那個男人出去，將一張五美元的鈔票塞到他手中。在休息時，一個委員會成員對風琴手說：「你那樣做很愚蠢—— 他會用那些錢買酒喝。」隨著幾個人表達他們對風琴手應該怎樣做的意見，展開了熱烈的討論。一個人說：「我們有教會慈善基金—— 你應該叫他遲些再來，然後找牧師談談。」另一個說：「他需要有人指示他去社區的福利處—— 他們可以幫助他。」還有一個說：「你不應該那樣趕他走—— 我們可以和他一起禱告。」那風琴手既感到受傷害，又感到憤怒，只能夠說：「我只是嘗試幫助他—— 基督徒就是應該這樣做，不是嗎？」

似乎公平地說，那個風琴手那樣反應，其中一個原因是她認為基督徒有責任幫助有需要的人——同時又要繼續手頭的工作。那件事發生得那麼突然，而她的行動又那麼即時，以致她對基督徒責任的感覺幾乎自動—— 和不加思索地—— 發揮作用。那行動源自她深印的神學。

那風琴手對自己行動提出的理由也源自她深印的神學。她認為，幫助無家可歸的人是基督徒應該做的事這個觀念是在場每個人都同意的。如果她說：「我很憎恨別人那樣，以致我會做任何事情打發他們走」或「計劃崇拜比浪費時間在流浪漢身上更重要」，那會怎樣？那行動和原因都肯定不能通過其他基督徒的檢驗。

那五元贈禮有多適合？風琴手從幾個在道德上可接受的行動中選擇了她的行動。崇拜委員會成員對她的選擇合乎道德沒有爭議；他們質疑的是那施予是否**恰當**。

決定一個行動是否合適，需要考慮那樣做的原因和處境。因此，我們需要順著兩條路線檢視。我們首先檢視在這特定處境中，**能否**正確表達基督徒的召命。然後，假設這樣是能夠的話，我們尋求發現甚麼行動最適合那處境。

一直都有基督徒認為，某些行動的恰當性是不需要進一步檢視的。對適合程度進行深思熟慮的神學思考可能質疑教會已經決定的道德標準。既然耶穌只選擇男性作祂的十二使徒，為甚麼還要研究按立女性擔任聖職這個問題？既然拜占庭教會關於聖像的爭議和這爭議在宗教改革初期突然出現後已經沉寂下來，為甚麼還要研究教會是否適合有圖像？

有時我們很難提出基督徒的原因，解釋為甚麼要重新討論一些已經解決了的問題。事實上，有些我們可以稱為道德絕對主義者的人，他們認為上帝對生活的規則是無時間限制的。在這個觀點背後是一個信念，相信聖經或教會的指引已經規定了在每一個情況下，忠於基督徒呼召的行動應該是怎樣的。譬如說，在任何情況下，基督徒都不能用法術、說謊或謀殺或參與軍事衝突。但即使道德絕對主義者也受到環境限制。他們以自己的時代和文化的假設和先入之見看世界和閱讀聖經的語言。以反對說謊這道德禁令為例。一方面，說出事實可能是十分不恰當的——好管閒事或傷害別人——正如第三者泄漏別人婚姻的祕密。另一方面，我們都見過一些情況，一些「永遠不說謊」的人含糊其辭，卻因為誤用事實的陳述方式而令別人相信一件假事或對一個情況有不準確的解釋。

在大部分情況下，基督徒必須藉著在自己身處的特定、複雜而且往往是困境的處境，運用基督徒的敏感，找出忠心地行動最恰當的做法。這並不表示基督徒的做法是選擇性的；只是表示關於基督徒做法的決定**涉及真正的神學上的深思熟慮**，而不是依從已經完全規定的規則。即使給忠實地生活的最著名規則，例如十誡或黃金律（golden rule；即馬太福音七章12節），都必須根據改變的環境來解釋和應用。怎樣解釋它們需要神學思考。

就這些決定的分歧往往出現在教會衝突的核心。保羅面對反對者，他們堅持，無論猶太和外邦基督徒在其他方面多麼彼此相愛，他們都不應該一起吃飯。在中世紀，羅馬天主教認為守貧和獨身的誓言並不是所有基督徒的責任，而是「完全的勸告」，只有特別獻身的平信徒和受按立的神職人員才蒙召跟從。在一九四〇年代，德國神學家潘霍華（Dietrich Bonhoeffer）在經過很多反省後總結，雖然聖經禁止謀殺，並勸告人們服從政治權威，但加入暗殺希特勒（Adolf Hitler）的祕密組織不單是正確，而且是合適的。

關於基督徒召命的評斷練習的第三個問題的重

點是選擇特定的觀點或行動，是在某環境下最適合表達基督徒的忠誠的。讓我們回到崇拜委員會那事件。假設在休息時提出意見的所有人都好像教會的風琴手一樣，關心為了基督徒的原因做基督徒應該做的事情，他們的話令我們想到，風琴手的行動是否可以採取的行動中最適合的一個。

從我們擁有的資料，我們不可能判斷委員會有沒有任何成員認為風琴手的行動是錯誤或不合乎基督徒原則。最嚴厲的批評——她「愚蠢」——可能是代稱，指其他行動會更適合。那些表達意見的人明顯選擇其他行動。例如：他們似乎認為叫那個無家可歸的人見牧師或社區福利處的社工會更恰當。

面對關於甚麼是對那無家可歸的人最恰當的回應這些問題，風琴手的解釋是她嘗試幫助。這是真誠的，但有點過分概括，以致不足以支持她行動的合適性。那無家可歸的人可能知道他會騷擾會議，希望人們會給他幾塊錢打發他走；如果他們令他感到驚訝——與他談話，給他一些積極而不是消極的幫助，又會怎樣呢？至少有可能的是，人們最不預期的回應會是一個機會，讓他們真正服事他。那個機會因為風琴手那出於本能反應（雖然是好意）的行動而錯失了。

在現實世界，基督徒對呼召的感覺很少要求我們只以某種特定方式行動，而是引向好些選擇，任何一個都會是合乎道德和負責任的。問題仍然是：哪一個才是最合適的？而這往往是一個謎，因為不確定或不同意見都可能在很多地方出現：對基督徒呼召的見解，對基督徒不同行動的原因的見解，或者對實際情況的見解。

神學思考不可能解決所有這些衝突。但藉著檢視可以怎樣視一個行動為最適合基督徒事奉，神學地思考的基督徒會實行本來可能沒有實行的事奉。這些思考有助解開交織進困難的道德決定當中的確信之線。他們不單幫助自己，整個基督的身體也可以對基督徒應該怎樣行動得出決定。

一間教會對無家可歸者的服事

一個無家可歸者干擾第一教會的崇拜委員會會議後兩年，當地的報紙有一篇特寫，題目是「從無家可歸到充滿盼望：在第一教會，基督徒的關心是有用的」。那篇特寫以訪問薩拉（Sarah）開始。她講述第一教會的會友怎樣幫助她離開街道，搬到自己一間細小但安全的房子，她也成為教會積極的成員。報導接著描述由第一教會開展、服事無家可歸者的外展事工怎樣為薩拉及其他好像她的人帶來新希望。

文章繼續說，在第一教會附近有愈來愈多無家可歸的人，令教會很關注。決定展開這樣的計劃，要求教會有很多禱告和進行很多艱難的工作。雖然他們克服了很多障礙，但仍然有很多挑戰。來自牧師、平信徒和薩拉自己的見證肯定，無論有多困難，這都確實是值得推行的事工。

對第一教會來說，這計劃是新嘗試。決定服事教會周圍很多無家可歸的人，令教會學到很多事情。他們察覺到教會附近的人，房屋問題，社會服務機構的官僚，以及草根政治等。很多無家可歸者的義務「朋友」對街道變得熟悉，明白友誼表示堅毅和堅定的愛，而不是可憐或俯就。他們與社會服務機構、房屋當局和無數民間組織聯絡。另外兩間教會——其中一間從事店堂事奉（storefront ministry）——也參與這事工。結果，眾多住在街上的人中有少部分得到幫助，找到平價的房子，從政府計劃中得到資助，開始重建自己的生活。薩拉是其中一個第一教會幫助的人。

雖然報紙集中報導薩拉的故事那些積極的方面，但建立為無家可歸者而設的事工並非沒有困難。計劃遇到的障礙包括教會和社區裏對外展計劃進行了激烈的辯論，與不同公共機構的代表的對抗，以及令人沮喪地發現只有少數無家可歸者回應幫助。薩拉是例外，不是常規。她沒有其他人那麼嚴重地跌出社會網絡。她有內在的力量和未發掘的資源，一旦有機會，她可以重新站起來。

那篇文章形容為「前面的挑戰」的問題包括，第一教會是否應該繼續投資那麼多時間和精力在這個計劃上，因為得益只是很少。第一教會也需要決定是否預備好歡迎更多無家可歸者加入教會，特別是那些反應不如薩拉那樣好的人。事實上，鄰近已經有人投訴說教會那所謂無家可歸者事工已經吸引了太多不受歡迎的人到那個社區。

給神學思考的建議

在展開服事無家可歸者的事工時，第一教會在沒有察覺的情況下提出了第三個評斷練習的三個問題。第一教會的會友一直都（根據傳統）理所當然地認為，身為基督徒，他們蒙召傳福音和實行聖禮，提供主日學課程，參加團契，以及服事羣體。不過，他們沒有怎樣想過如何回應無家可歸者的困境——除了告訴那些要求幫助的人到哪裏找社區福利處的辦事處，以及為牧師提供慈惠基金。

兩年前在崇拜委員會發生的事件可能就在那裏結束。但當有人在教會的委員會會議提到那件事時，引發了熱烈的討論，對怎樣接觸無家可歸者和怎樣幫助他們，人們提出了很多建議。對這種外展事工的抗拒(「牧師的工作已經很多,我們沒有時間或金錢做那件事」)迫使其他人明確表明自己的深印的神學。他們說基督來服事窮人、被遺棄的人、有需要的人,而跟隨祂的人也蒙召這樣做。

那些支持外展事工的人沒有自動佔得上風。在其後的時間,他們的建議佔優,很大程度上因為對無家可歸者的服事回答了關於基督徒召命的評斷練習中兩個重要的問題。沒有人會爭論說「身為基督徒,我們的信仰呼召我們甚麼也不做」。鼓勵實行服事無家可歸者的事工的人提出的主要理由是一個「**因為**」的理由:他們訴諸基督徒生命作為門徒的基本形像是過活像基督的生活。雖然教會有些成員擔心這樣實行這些想法會走得太遠,他們不能反對它的優點。

其他原因也可以包括來自聖經及傳統,以及來自會友的生命經驗,他們可以講述教會在他們有困難時似乎漠不關心,他們感到多麼痛苦。如果辯論繼續下去,這類呼籲很可能會被人提出。

如果人們也提出「**藉以**」的原因,會有幫助。當時似乎毋須澄清那事工的目標或結果。對照顧無家可歸者的普遍同意似乎已經足夠,雖然有些會友同意這事工,是出於沒有說出的假設,認為這會令無家可歸者歸向基督。其他人則認為這樣有助社會公義，還有一些人相信這種外展計劃可以強化家庭，有助在社區恢復法律和秩序。

沒有思想關心別人在實踐中是甚麼意思，在教會嘗試決定甚麼是最恰當的行動時才變得明顯。只是到了那時，教會在神學上的深思熟慮的這個缺失才開始帶來新問題。

首先，建議服事無家可歸者的計劃是大部分會友都形容為溫和的，沒有試圖與可以引起無家可歸的系統社會政治狀況，或令某些無家可歸者有自毀行為的屬靈道德根源有直接衝突。藉著專注於友誼和社會服務，計劃對無家可歸的問題既有個人，又有社會的面向。教會大部分人都視它的呼召既不是救贖無家可歸者脫離邪惡的捆綁，也不是改革市政府。

其次，正是因為事工的目標不明確，教會的義工在找出自己甚麼時間是對別人有幫助，甚麼時間是被利用時感到有困難。他們不肯定甚麼時間與可能反對他們的本地政府或鄰舍合作，甚麼時候抗拒它們。每個人都同意薩拉的故事肯定是成功的例子；但事工的繼續卻有賴根據研究和經驗，對所做的事作出理性的判斷。

甚麼是基督徒最恰當的回應？第一教會嘗試回答這個問題。基督徒服事有需要的人是合宜的，正如基督自己所做那樣。那服事涉及提供友誼和機會改善生活環境也是合宜的。表明上帝的好消息是甚麼意義，並邀請無家可歸者回應是合宜的。與現存的權力合作——或許有時是運用「技巧」——而不是對抗它們的權力是合宜的。所有這一切都交織進第一教會對基督教召命的神學理解中。

第一教會的會友現在面對一個新問題：根據他們對召命的理解和那特定情況，他們最初認為基督徒的合適做法是否最恰當的回應？他們需要將他們有價值的目的建立在清晰和特定的目標上。他們需要檢視他們對無家可歸者的事工與其他事工的關係——例如佈道、崇拜、教會學校、海外宣教——並決定他們應該將最大的努力投放在哪裏。這些問題要求持續的神學深思熟慮，以及對他們的基督教召命有清晰的理解。第一教會要決定他們怎樣實現自己的基督徒召命，需要回答這個評斷練習的**所有**三個問題。

進深閱讀

Benne, Robert. *Ordinary Saints: An Introduction to the Christian Life*. 2nd edition. Minneapolis: Fortress Press 2003. 忠誠的意思是一個神學問題，Benne根據自己對基督徒身分和召命（呼召）的建構性思考，提供一個研讀指引。

Gustafson, James M. *An Examined Faith: The Grace of Self-Doubt*. Minneapolis: Fortress Press, 2004. Gustafson 是著名的改革傳統學者，他思考基督徒不清楚自己的信仰語言和教義，與科學、政治、傳媒和今天很多「宗教糾紛」裏司空見慣的問題及事件解釋的關係和不同時面對的衝突。

Volf, Miroslav, and Dorothy C. Bass, eds. *Practicing Theology: Beliefs and Practices in Christian Life*. Grand Rapids: Eerdmans, 2002. 十三位來自不同背景的男女神學學者就神學作為日常生活的「信仰和實踐」提供思考。

第 8 章

基督徒羣體中的神學思考

我們的恩賜不同。可以在大畫布上以技巧、美麗和洞見創作畫作的人可能對攝影藝術的技術要求沒有多大興趣或天份。準確地切割和結合大塊石頭的石匠可能感到穿針十分困難，更不要說縫好一件衣物。

同樣，神學思考的技藝某程度上有賴自然天賦。幾乎每個人都有神學思考的恩賜，雖然他們的恩賜可能不同。有些人在這任務的某些方面，比其他方面更擅長。例如：一個人可能很精於檢視其他神學家的著作，但要他對輔導的關係或社會問題給予神學回應時，他卻可以不知從何入手。

不過，雖然有些基督徒明顯缺乏自然天賦，卻努力要從事神學思考；但更多基督徒卻沒有善用自己擁有的恩賜。目標的認真、持之以恆和實踐都可以大大補償開始時的弱點。我們這本書的其中一個願望是它能夠令讀者擴展和豐富他們從事這個任務的能力。

前三章描述的評斷練習是要促成這種神學思考方面的成長。在這一章和最後一章提出的意見和特定建議，目的是提升實行這個任務時的自如程度，並將神學思考置於它發生的背景中——批判思考、靈命塑造、信仰羣體和人類存在的日常生活。

批判神學

在最好時，神學思考留意聖經的見證，並接受聖靈的推動。在最好時，神學思考也是**批判的探索**。這並非表示它是否定或尋找錯誤，但它提問。它對基督徒神學家那細心觀察的眼睛中看到的一切都採取誠實、留心、探究的立場。神學家藉著提出和回答一個接一個的問題，以不同的方式看事物。他們對上帝持續的工作可以得到新的洞見。

深印的神學就基督教關於上帝的信息表達一些回答，是已經隱含在教會和會友的經驗中。深思熟慮的神學是額外的一步。它思想那些回答以及引發那些回答的處境，並提出一個主要問題：這些回答能否充分傳達基督教信息對信仰羣體的意義？

這個基本問題將神學思考變成批判的探索，因為它挑戰（至少暫時）對信仰的每一個現時理解。在深思熟慮的神學中提出的批判問題是深思的基督徒提出的，因為他們蒙召對信仰尋找更令人滿意的理解。它們是解釋性問題。批判的探究者想知道：這樣對基督教信仰的理解是否充分？如果是的話，為甚麼？如果不是，又為甚麼？能否發展出經修訂、更充分的理解？

這本書描述的批判探索取向和其他學科——例如音樂、文學和藝術評論——的批判思考有相似之處。過程並非隨意，甚至不是原創。它是一個有秩序和有機的取向，很少以順序的形式進行。批判思考的元素是彼此相關，而且往往互相重疊。它們包括描述、分析、建構觀念、判斷和回應。

描述

描述就是對一個神學思考的題目進行頭腦清晰的注視。思考的主題是那**狀況**（例如詩歌集大論爭，湯姆母親即將來到的死亡，路德和農民的叛亂）和帶到那情況的**深印的神學**。以誠實的批判態度處理它的第一步是準確地描述每一個觀察到的方面和那情況、那問題或那主題的詳情，並找出深印的神學——「只是那些事實」。記者的問題：「誰、甚麼、哪裏和何時」是這種描述的好開始。

準確的描述在神學思考中清楚地思想和在任何其他努力中都同樣重要。如果我們跳到本能反應或基於不完整的資料的死胡同分析，我們總可能退後，站到一旁，收集更多資料。

有時將我們仔細觀察的結果寫下來是有幫助的，而事實上，對自己的神學事業認真的讀者最好為這目的保存一本札記。將我們的觀察寫下來往往刺激和澄清我們的思想。閱讀那些描述可能提醒我們我們遺漏了的資料，並提供洞見和概觀，是更隨意的觀察所不可能提供的。

提問有助我們準確地觀察。例如：回到風琴手施予的個案：那崇拜委員會進行得比議程快還是慢？這個無家可歸者曾經多少次在星期三晚上的會議期間到教會？他聲音的狀況怎樣？他的表情怎樣？他說他會怎樣運用那金錢？教會有沒有任何處理他這種要求的政策？如果有，那是怎樣的政策？推動那風琴手施予的是甚麼神學？提議以其他方式回應，而不是給那個人金錢的其他崇拜委員會成員有甚麼深印的神學理解？很快地在腦裏描述當時的情況，可以在幾分鐘內回答大部分這些問題。

或者在湯姆的困境中：根據醫生，湯姆母親的預後（prognosis）是怎樣？她有知覺嗎？她可以表達自己的意願嗎？她對安樂死和死亡的神學理解是怎樣？家人對死亡和生命有怎樣的神學？她有沒有立遺囑？如果他們撤去生命支持系統，她可以生存多久？如果她不立即死去，會有甚麼事情發生？她會受苦嗎？如果生命支持系統繼續運作，她有沒有任何康復的機會？藥物可以減輕她的痛苦嗎？如果可以，藥物會否令她的情況差得和死去沒有多大分別？

誰可以在湯姆作決定的過程中幫助他？醫院有院牧嗎？湯姆的牧師在事奉中有沒有遇到類似的情況？在那些情況發生了甚麼事？有沒有其他家庭成員的意見會有幫助？或者會令湯姆更難作決定？

諸如此類。有時我們質疑似乎是明顯的事情。我們觀察的一些細節是不相干的。但在危機、爭論或需要的時候的壓力下，我們很可能會忽略了很多相關的資料。因此，由準確的描述引導的觀察是準確的批判神學思考所必須的。

分析

這種批判性提問推動構成神學歷史的持續對話。批判神學思考的分析階段進行更深入、更探究性的問題。

在西方基督教，二十世紀批判探索的任務集中在三個主要方面的提問上。第一個是現代哲學和科學的副產品，以**理性和經驗**作測試。例如：它問上帝怎樣可以是一又是三，正如三位一體的教義宣稱那樣？相信聖經或後聖經的奇迹怎樣可以與對自然定律作健全的科學論述一致？

第二方面的提問源自**歷史**研究的歷史意識和現代取向。基督教觀點的多變性得到認真看待。例如：當歷史顯示基督教的教導隨著時間而改變時，怎可以說信仰的真理是不變的？研究肯定聖經敍事的歷史準確性嗎？甚麼歷史力量模塑教會的信仰、實踐和組織？並考慮到這些影響，基督教的甚麼特質配稱為上帝賜或永恆的，並被判斷為雖然時間改變，仍然值得延續？

第三方面的分析性提問以**人類生活的狀況**為焦點——模塑人類生命方向的心理、社會、經濟和政治力量。神學家尋求掌握他們時代的社會事件。相信靈魂與DNA研究、胚胎移植或墮胎有沒有關係？如果有，那是甚麼關係？基督教是否支持美國版本的核心家庭？還是包括其他形式、有愛和委身的關係？如果在基督裏，「並不分猶太人、希臘人，自主的、為奴的，或男或女」（加三28）這個神學宣稱有任何真理，教會怎可以推行一些佈道計劃，是引致會眾是單種族、單文化和有階級限制的？

沿著第三方面進行批判分析的影響在很多當

代的神學討論中都很明顯。好奇的基督徒想知道：關於貧窮、世界性飢餓、生態、福利、性別問題、種族和民族不和、入境政策、家庭價值、精神健康等問題，神學有甚麼話說？這個神學趨勢的驚人特點是它承認社會地位（social location）是在神學思考中，其中一個影響神學家提出的批判性問題，以及他們的神學提供的回答的因素。

批判的提問是好像基督徒和他們的狀況一樣個別和多元的。我們不單應用福音、人類狀況和基督徒召命（第5、6、7章）的評斷練習，就特定的困難（誰—甚麼—哪裏—何時）提出問題，也問這些元素和我們信仰的核心主題有甚麼關連。

沒有問題是神學思考禁止提出的。所有問題都值得探討。畢竟，如果你不問，你便永遠不會知道。某個問題是否批判性，只能藉著提出來，看它引向哪裏，才能夠真的確定。如果問題有助澄清我們對信仰的意義的理解，它便顯出本身的價值。

建構觀念

神學透過信仰的眼睛找出事物的意義。這些神學意義由解釋、關聯和評估的行動形成。記得安吉麗娜和對她的神學觀點嗎：她是「上帝的孩子」（第2章）。她的身分是根據基督教關於上帝的信息來解釋的。這個解釋與其他可能的觀點關聯：它與視她為吉爾伯特和德雷莎的親生女兒這個觀點相容，但與她是「魔鬼的種子」這個觀點不相容。這個解釋也是有價值判斷的。身為上帝的孩子，她在上帝眼中是寶貴的。即使後來知道她是吉爾伯特和德雷莎收養的，或者整個世界都反對她，稱她為沒有價值的，這個評估仍然是真的。因此，從某個意義來說，神學思考本身是形成和再形成這種觀點的持續過程。

有時我們需要建構一個形成了的觀念。攝影師透過取景器檢視一個視野，藉著固定在一點上，將它作為焦點而建構那照片。神學家也藉著在一連串選擇中選擇某特定觀點，在基督教信仰和生命處境的十字絲中以那觀點為中心，從而建構那個觀點。我們利用我們的深印的神學，以簡單的「指向並拍攝」方式經常這樣做。不過，在深思熟慮的神學中，我們調校光圈、拉近或拉遠、重複檢查有沒有取得最好的影像。對景像作細心的觀察，並研究它與信仰的核心關注的關係，可以為它對我們的生命和信仰羣體的意義，帶來更刻意、更精確的理解。

同樣，提問是將我們的觀點聚焦的主要方法。我有沒有從聖經和傳統汲取適當的資源？我是否明智地論證？我自己的信仰經驗有沒有增強或妨礙我的視線？我對這件事的觀點對我信仰的經驗和我對那經驗的理解有甚麼含意？對我和別人的情況又怎樣？對我的基督徒呼召？對教會？對我的家人和朋友？對世界又怎樣？

判斷和回應

在批判神學方法中，判斷是作出選擇。我們根據我們的深思熟慮選擇一個似乎是最適合的觀點或行動。隨著新資料出現，我們選擇的大部分觀點都可以改變。我們選擇的一些行動，例如撤去湯姆母親的生命支持系統，是不能逆轉的；另一些，例如一個子女已經長大成人的母親決定辭去工作，到愛滋病善終醫院當義工，則是可以整調和改變的。

做研究和整理資料（觀察和分析）直到天國降臨是誘人的。但在每個學科中，判斷——無論有甚麼名稱——都是批判方法的一部分是有原因的。停留在觀察和分析的批判思考是自我沉溺。

我們需要作決定。害怕犯錯不是藉口；每個神學家都要冒險。有批判方法和聖經、教會傳統、經驗和理性的資源引導我們，我們到了一個地步，我們所有的深思熟慮都帶領我們到某個理解或感到某種行動是比其他更恰當的。我們形成觀念，採取立場，委身，選擇一個行動方向。

在神學思考的這個階段，重要的是闡明我們的判斷和其後的行動的原因。為甚麼決定撤去(而不是不撤去)湯姆母親的生命支持系統,是嘗試忠於福音的家庭的恰當回應?

解釋我們判斷為對某個問題的恰當基督徒回應背後的理據,不單是形式上的練習,或許是為了滿足大學或神學院教授的要求而做。如果信仰羣體不單是一羣信奉自己個別神學的個人(「這就是我所相信的;你可以接受或不接受」),那麼對話便必須發生。

事實上,神學思考如果在孤立中進行,是不足夠的。神學思考在羣體中發生。由於它是集體性的,它也是合作性和對話性的。即使我們最終有我們自己獨特的操作性神學,它的形成也在與別人的試驗、分享、傾談和聆聽中發生。

無論是在本地牧者的每週早餐會,閱讀近期一本關於解放神學的書籍,在屬靈導師或牧者主管引導下,在與教會其他會友對話和回應中,還是與朋友和家人親密地談話時發生,神學思考都不單從檢視我們身為個別的人的私人信念或專業神學家的著作中發展出來。我們的神學也由信仰羣體的信念模塑。我們影響彼此對信仰的理解。

神學是個人的任務和集體的事業。身為神學家,基督徒需要超越分析和建構解釋;我們必須作出判斷,並預備告訴別人,為甚麼那些判斷是合理的。知道為甚麼我們相信我們相信的事情，容許我們與其他基督徒展開對話。

信仰羣體不單是崇拜和團契的羣體；也是批判、深思熟慮地進行神學探究的羣體。我們給別人支持，但也給他們我們對信仰的洞見。我們亦聆聽他們的洞見。神學對話發生。我們作決定。

進深閱讀

Feldman, Edmund Burke. *Varieties of Visual Experience*. New York: Abrams, 1987. Feldman發展出那權威的藝術批評方法，很多其他批判思考系統都以他的方法為基礎。這本經典、有大量插圖的書籍以清楚和容易明白的方式提出和應用批評的原理。

Ottati, Douglas F. *Hopeful Realism: Reclaiming the Poetry of Theology*. Cleveland: Pilgrim Press, 1999. Ottati說神學的「詩」是基督教信仰的偉大主題（上帝、阿拉法和俄梅戛、三位一體、道成肉身、罪和救恩等），它們的意義實在太偉大，不能化約為單純的口號。

Stone, Karen. *Image and Spirit: How to Find Meaning in Visual Art*. Minneapolis: Augsburg, 2003. 作者為視藝術為體現超越，提供神學和美學背景。這本書以非專家為對象，發展讀者從屬靈角度解釋和欣賞任何風格或時期的藝術作品的能力，提供特別解釋工具，是利用批判思考方法裏所知道的。

第 9 章

模塑靈

且慢。

自己喜愛的人因為受傷或患病而有了很大改變，第一眼看到對方時，往往令人感到不自在、焦慮或尷尬。一位女士是藝術家，她寫到母親在一次嚴重的腦出血後她最初看到母親時的情況——她頭髮被剃去，頭部戴著帽子，皮膚發黃，左邊無力，連接著餵食喉，有靜脈注射，有機器，有電動機抽走她腦部的血。「我叫自己慢慢來，不斷看著她，直到我習慣為止。只是慢慢來。」[1]她的等候得到的回報是有幾天快樂地服事母親，讓她平靜地死去。

在另外一處，她提到在看一幅令人困惑、令人困擾或令人不安的藝術品時，等候的價值：「安靜可能是需要的行動……一種積極的被動，一種開放，樂意等候可見的聖言揭示自己。」[2]

我們靜下來時

我們分享別人的異象

將它變成我們的異象時

我們觀看、觀看、一再觀看時

我們尋找時

我們被理解。[3]

靈命塑造

聆聽。專注。等候。接受。這些是靈命塑造的行動和態度，也是神學思考所必不可少的。

在其他各章，我們指出從事神學思考需要某程度的抽離。只有藉著從我們處境的特定情況後退，我們才可以在理解中成長。不過，我們必須小心避免失去專注。抽離的態度可以排除與上帝的親密關係那種敏感的性質。真正關心我們信仰的意義可能會變成只是思辯。

這種思辯正是學術圈以外有些人對職業神學學者所做的事的恐懼。說毋須這樣並不能將恐懼驅除。學術神學往往涉及艱苦地研究手稿片斷，找尋第五世紀的信條的哲學或社會來源，記錄不同神學教義或心理理論這些事業。正式的神學教育本身通常分為幾個專門的學科，例如聖經研究、教義學或系統神學、歷史、倫理學、牧養關顧、宗教教育等等。每個課程都有特定的著重。每一個都由專家提供。他們比其他人都花了更長時間研究自己的學科。每個人都提供一塊拼圖，是組成福音和事奉的整幅圖畫所需要的。不過，有些人很容易沉醉在——或陷身於——單純的學術細節中，完全不理會他們信仰那經驗的根。有頭腦而沒有心。

這些根值得我們培養。如果我們與自己的基礎——我們對上帝的愛、基督的恩典和聖靈的團契那活生生的感覺——失去聯繫，我們在神學思考方面的努力只會變成不必要的工作，或者只是嗜好。這些思考的結果變得分散和支離破碎。我們的「神學」會顯得空洞。

因此神學家必須照顧他們信仰的經驗根源。這不是宣揚他們只是轉向裏面，離開朋友、家庭和教會羣體，或者忽略在世界致力推動和解及公義這些任務，發展自己與上帝的個人關係；而是鼓勵他們製造機會更新自己的靈，在信仰中將事物聚集起來。

靈命塑造（spiritual formation）是一個我們現在描述的事情的傳統詞彙，現在再次得到廣泛使用。在實踐好像敬拜、讀經、默想和禱告，或屬靈導引等靈命塑造時，我們不是睡著或被動，而是**接**

受，敏感於上帝的同在，並向聖靈的能力開放。我們留心聖言。靈命塑造可以豐富、平衡和訓練我們的神學思考，以及填補我們經驗和我們對信仰的研究之間的空隙。

敬拜

有些現代基督徒忽視了集體崇拜是他們屬靈生命必不可少的元素。在集體崇拜中，我們運用我們的智力、眼睛、身體、耳朵、觸覺和嗅覺，甚至我們的節奏感。我們將自己置於上帝的同在中，也置於其他基督徒的相伴中。我們找到教會提供的恩典的途徑，找到自己在歷史中的位置。我們給自己機會考慮日常的信仰主題和事件，圍繞它們建立我們的神學。

有些宗派為崇拜提供神學解釋，是偶然可以讀到（或許代替講道）的，幫助會友明白為甚麼他們說那些話，唱那些歌詞——那些話和歌詞的神學意義，以及對他們的日常生活可以有甚麼意義。人們明白崇拜的屬靈和情感含義時往往會深受感動。

崇拜有很多種，每種都有本身的豐富，由弟兄會的安靜聚會到東正教傳統的大彌撒的華麗。每個版本都令基督徒聚集成羣體。每個變化都容許羣體的生命有即興和自由的表達。每個變化都涉及一些重複，依從某些模式，從本地的喜好及／或歷史的基督教發展出某些傳統。每個變化都培養對信仰的思考。

低估重複的屬靈潛力是錯誤的。你的思想可能會游離，但每次你重複崇拜的話或行動時，它們便成為你的一部分。已故的羅爾瓦格（Karl Rolvaag）是明尼蘇達州（Minnesota）的前州長。有一次，他在北部樹林，他的小屋附近的一間鄉村教堂講道。他講述自己個人的屬靈旅程，以及怎樣首先從酗酒康復過來，然後又從幾乎致命的車禍中康復過來。那鄉村教堂的牧師走了超過二百里路到醫院，他躺在病牀上，因為意外而昏迷。牧師施聖餐。牧師讀出那些古老的話時，他的口唇開始跟她一起移動。他流淚，他說話，他舉起手接受餅和酒。他在多來以來重複這些話和行動，將它們刻在他存有中，在其他一切都做不到時，衝破意識的障礙。神學變成生命。

屬靈操練

我們每天都在上帝的同在下活動。多個世紀以來，基督徒都藉著照顧自己的屬靈生命，尋求加深他們對那同在的意識。

靈性不單是內省的事情，也不是抽離的思想，正如有些人以為那樣；它涉及一種關係，一份恩典的禮物。可以肯定的是，施予者決定那關係，但也有賴接受者積極留意那恩賜。(這裏就是我們開始說的聆聽和接受。)讀經、默想和祈禱的操練提醒我們,我們與上帝的關係是最高的關注,聚焦所有其他關注(而沒有否定或取代它們),並幫助我們超越基本人類需要和欲望,跟隨福音。

基督徒留意他們與上帝的關係時,不一定是獨自進行的。很多教會提供靈修材料,幫助人們的私人屬靈操練。歷史上,教會提供過一種名叫**屬靈導引**(spiritual direction)的操練,幫助增強人們對上帝同在的察覺,並促進靈命成長和塑造。屬靈導師(神職人員或平信徒)是基督徒可探訪和特別與他們談論那關係的人。每個教會傳統,以及在個別情況下的屬靈導師,都提供建議和特定的方法,令人對上帝的同在和旨意敏感—— 例如記錄札記、默想、靈閱(*lectio divina*;一種用聖經禱告的方法)或想像聖經的一些段落。

保羅區分了*nepioi*—— 那些在信仰中剛開始的人,只能夠吃奶—— 和*teleioi*—— 那些更成熟的基督徒,可以吃固體食物。今天似乎很多教會都十分專注於*nepioi*,以致*teleioi*要自行供應自己。教會舉行很多入門講座,而沒有足夠的營養幫助那些忠心的人更深入理解福音,與上帝建立更重要的關係。無論是因為害怕說了一些會引發爭議的話,或者擔心人們會感到沉悶，很多教會都很少幫助人們思考他們那深印的神學。給成熟信仰的食物——包括神學思考的元素——可以由教會在屬靈操練的引導提供——無論是在屬靈導師的帶領，還是分享小組或教育的環境下。

靈命塑造是神學思考和日常經驗之間的橋樑。我們回到信仰的源頭。我們專注於我們與上帝的關係，意義的來源和力量的賜予者，讓我們在信仰羣體中過忠於福音的基督徒生活。

戰壕式詮釋

神學思考的過程在具體生活處境中發生——或許是個人的靈性危機，例如為個人靈修生活的枯燥掙扎；或者在基督徒事奉中的行動，例如到醫院探訪一個意外受害人，與崇拜委員會見面，與最近喪親的鄰居喝咖啡，或者宣揚社會公義。

考慮這個假設的個案：一個星期五黃昏，你下班回家途中在一個賣古董的跳蚤市場停下來。你正在尋找世紀之初的傳教士風格的橡木家具（mission oak furniture）代替現在放在你客廳各種家具。很快走遍市場後，你找不到任何你有興趣的東西，於是走回車上。在你車子旁邊的地上有一個男人的錢包，明顯是從某人的口袋裏掉出來的。你毫不猶疑地拾起錢包，走到車上。你打開錢包，發覺物主的住所和你家只隔幾條街。你駕車到他的家，令那個鄰居吃了一驚，但他卻很欣賞你。

為甚麼你決定將錢包和裏面的金錢歸還給物主？甚至沒有考慮其他選擇。你的行動只是反射作用；那決定沒有帶來任何道德或神學困境。不過，事實上，很多事情聚集在一起。毫無疑問，你的決定由很久以前學到或已經認為重要的價值觀模塑。其他人可能因為自己的原因而和你有完全相同的行動。但你的行動源自你相信保存一些不屬於自己的東西是不誠實和自私的行為，與你對基督徒品格的理解不相容。你在信仰中的教養形成一種深印的神學，由你在教會學校的年日，以及其後在研經、討論小組或神學院教育中深思熟慮的神學思考得到加強。

在這些時候，你的信仰和價值觀否決某些反應。如果深思熟慮的神學已經在你的信仰發展中扮演一個角色，童年關於誠實、無私和忠誠的教育已經從不同方面受過檢視。你知道自己準備怎樣做和不怎樣做，以及在甚麼環境下會有甚麼決定。即使你需要那些金錢，或者歸還那錢包對你造不便，你都不會留著錢包。這個信念可能顯得很明顯。（如果你的「社會地位」不是那麼牢固和舒適，情況會不同嗎？）但由於以前的思想，其他可能有某種吸引力的可能性也被排除。你不會利用那情況教訓那個人要小心一點。你不會將那錢包交給慈善團體、教會或甚至你在路上遇到的一個有需要的人。

要根據我們的基督徒委身行動，往往不會有長時間進行深思熟慮的神學思考的奢侈。神學工作需要預早進行──深思熟慮的神學思考──以致它的結果可以決定我們每個選擇。可以肯定的是，重大的危機和重要的決定要求我們反省，然後才找到解決方法或選擇一個行動方向。但即使在這些情況下，例如湯姆垂死的母親的危機，我們的深印的神學可能令我們未準備好應付那嚇人的任務。正如戰壕中的士兵接受訓練，並實習過他們會遇到的戰爭狀況，我們身為基督徒也需要一個預早、深思熟慮的神學思考作為基礎，盡可能好地預備我們應付數十個日常的選擇，以及我們面對的那些改變生命的決定。

基督徒神學家必須建立一種內化他們神學思考的方法。它必須簡單得可以即時，幾乎自動地行動；但又必須複雜得可以適應現代世界的複雜性。沒有一種方法是對所有人都正確的。不過，我們相信對那三個評斷練習（福音、人類狀況和召命）提出的問題發展出基本的清晰，可以令基督徒在面對每天遇到的多種困難處境時處於有利位置。

有些情況下，我們可能真的有時間思考，與其他基督徒交談，找出合適的回應。例如：在合理的情況下，我們可以詳細考慮一個計劃，處理為被丈夫虐待的婦女預備的緊急住屋安排。但在其他情況下，我們需要反射式地行動，就好像我們駕車時的「肌肉記憶」一樣。在這些時候，我們必須信任住在我們裏面的聖言，那深入我們生活的基督教信仰，讓它影響我們的決定，即使我們沒有時間細心思想，並信任我們的神學有足夠的深思熟慮，可以忠於它的來源。

沒有神學是那麼好地預備，以致在任何情況下都是完美和有效的。我們必須繼續作出判斷和行動。這些判斷和行動始終是我們對實行真理的小小嘗試。它們必定是暫時的；它們必須對新投入、批評、來自羣體的糾正和新的洞見保持開放。

然而，要盡我們能力追求真理，我們需要作出真正的委身。由於在行動時很少有足夠時間進行複雜的神學思考程序，我們對牧養的任務和基督徒生活需要有知識但又是直覺性的取向，簡單來說是「戰壕式詮釋」。我們需要一種神學，預備我們應付在現實世界中的衝突時作基督徒這困難的事，支持我們的委身，和引導我們的行動。

有一件事情是肯定的：我們以前對神學和事奉

的思考會指導我們的實踐。如果我們留意聖言，基督教信仰對我們所做的事會有影響。身為基督徒，並因而是神學家，我們蒙召聆聽和提問，培養對基督教關於上帝的信息不斷增長的理解，並在我們的生活、教會和世界中根據那個理解而行動。

進深閱讀

Bidwell, Duane. *Short-term Spiritual Guidance*. Creative Pastoral Care and Counseling series. Minneapolis: Fortress Press, 2004. Bidwell 從簡短的治療和屬靈導引中發展出一種非常實際的方式聆聽和回應上帝的同在。

Conroy, Maureen. *The Discerning Heart: Discovering a Personal God*. Chicago: Loyola Press, 1993. 對屬靈辨別透徹和容易閱讀的介紹。*The Discerning Heart*包括幫助讀者發展辨別上帝同在的能力的練習和實際問題。

Maas, Robin, and Gabriel O' Donnell. *Spiritual Traditions for the Contemporary Church*. Nashville: Abingdon Press, 1990. Maas和O' Donnell就靈修學在歷史和普世上的多元傳統提供一個嚴肅的討論，包括「基督教靈修學的女性面向」。還有給對從事書中討論的任何不同實踐有興趣的讀者的建議。

Mursell, Gordon. *The Story of Christian Spirituality*. Minneapolis: Fortress Press; Oxford: Lion Publishing, 2001. 這是對基督教對靈修學的持續關注詳盡和資

料翔實的研究。

註 釋

1. Karen Stone, "Underneath Are the Everlasting Arms," in *Reflections on Grief and Spiritual Growth* (Nashville: Abingdon Press, 2005), 140.
2. Stone, "Underneath Are the Everlasting Arms", 58.
3. Stone, "Underneath Are the Everlasting Arms", 142.蒙作者允准轉載。

詞彙表

人類學出發點（anthropological starting point）。人類的出發點；神學家先從人類生活的處境思考基督教信仰，然後進而確定根據聖經和／或傳統，上帝對世界的信息有甚麼意義的過程。

人類學（anthropology）。關於人類的研究和教義；**神學人類學**通常專注於人在與上帝的關係上的本質、可能性、限制和最終命運。

雙向認知（bilateral cognition）。協調地以平行綜合思考和順序思考組織資料的過程。

正典（canon）。字面意思是用來量度棍子的「蘆葦」；因此是規則、標準或正式名單。基督教聖經的正典是著作集，被視為上帝給世界的信息，是神聖、無可比擬、權威的見證。

正典力量（canonical force）。聖經正典作為很多部分的文學整體，由於它的獨特地位、安排和內容，對基督徒的生命和思想的模塑性和約束性影響。

基督教的合適性（christian appropiateness）。關心神學的「基督教性」，也就是它對基督教信息的根源性、相容和忠誠。

基督論（christology）。關於耶穌基督的研究和教義，通常專注於基督的位格（本性和地位）及拯救工作。

教會（church）。忠誠的人的羣體（集合、聚集、身體），由上帝呼召，奉耶穌基督的名崇拜、宣告福音和服事世界。

良知（conscientiousness）。來自良心（conscience），找出甚麼是好和對，並配合這標準的能力；在這裏良知是十分關注只成為、說和做配合對上帝的旨意存有敬畏和愛的事情。

關聯（correlation）。將兩件或更多事物帶進相互的關係的過程；在這裏，根據基督教信仰和其他立足點研究事物的意義之間的異同。

信經（creeds）、信仰的認信(confessions of faith）。關於信仰的事情的總結性宣告，在其中基督徒在他們的教導和實踐中虔誠地相信和委身於這宣告。這些宣告往往作為羣體身分正式的試金石。肯定、規條、宣告和信仰的基本都是教會經常用來等同信經或認信的詞語。

批判探究（critical inquiry）。一種研究，尋求不將任何事物當作理所當然，以提出問題的方式進行；在現代神學，批判探究特別處理根據理性（哲學、科學和經驗）、歷史研究、社會—科學考慮（例如社會、心理、政治和經濟問題）研究與信仰的意義有關的問題。

深思熟慮的神學（deliberative theology）。這裏指一個過程，思考基督徒的生命和見證所隱含、對信仰的多種理解，藉以找出和／或發展出可能中最恰當的理解。

教義（doctrine[s]）。字面意思是教導；基督教關於信仰的意義的整個教導，通常分為需要相信的（狹義上的教義）和需要做的（道德教義或倫理學）。

教會論（ecclesiology）。關於基督教會的研究和教義，通常專注於信仰羣體的獨特身分、本質和目的。

合一運動（ecumenical movement）。也叫**普世教會主義**（ecumenism）。追求克服基督徒之間和不同教會之間的分歧，藉以促進全球教會的合一。

私意解經（eisegesis）。一個貶義的詞語，指將個人的觀念強加在聖經上，而不是藉著細心、透徹的研究從經文中找出意義。

深印的神學（embedded theology）。在這裏指由教會傳遞並由信徒在日常生活中吸收的對信仰的理解。

終末論（eschatology）。關於末後和最後事情的研究和教義，通常專注於在人類歷史結束時上帝對創造的目的全面實現時會有甚麼事情發生。

解經（exegesis）。從密切、細心和透徹地研究經文而對聖經的意義得出的分析和解釋。

Extra ecclesiam nulla salus est 。字面意思是「教會以外無救恩」。認為只有屬於基督教信仰羣體的人才可能得到拯救的觀點。

信仰（faith）。對上帝的信息的回應和委身；在這裏是一個綜合的詞語，指基督徒生命的元素，包括心裏對上帝的獻身、信仰和服從地行動。

福音（gospel）。字面意思是「好消息」或「喜訊」。在基督教神學中，福音是給世界的好消息，關於上帝在耶穌基督裏做了甚麼；因此這個詞也用來指聖經中集中討論耶穌的「故事」（也就是馬太、馬可、路加和約翰的著作）。

恩典（grace）。由上帝賜下的禮物；在基督教，論述救恩的禮物，特別是雖然人犯罪，上帝仍憐憫地赦免他們，慈愛地接納他們。

詮釋學（hermeneutics）。關於解釋的研究和理論；聖經詮釋學集中在對聖經的解釋的取向、原則和指引上。

可理解性（intelligibility）。關注基督教神學的清晰、連貫和能夠讓人明白。

稱義（justification）。上帝憐憫地宣告（判決）在耶穌基督裏接納罪人。

Kerygma。字面意思是「傳講」或「宣告」；簡潔地宣告上帝在耶穌基督裏的救恩信息的主要內容。

律法(law)。責任(誡命),闡明上帝關於人應該怎樣存在、說話和行事的旨意。

聖母論(mariology)。特別是在天主教神學中,關於耶穌基督的母親馬利亞的研究和教義。

恩典的途徑(means of grace)。特定、有限的行動(特別是宣講和聖禮),藉以宣告福音和它給信徒的好處。

事工(ministry)。字面意思是「服事」;上帝呼召基督徒忠心地回應福音而承擔的服事——崇拜、宣告福音、關心別人。

宣教(mission)。字面意思是「差派」;教會和它的成員被上帝差派到世界執行的任務。

道德絕對主義者(moral absolutes);道德絕對主義(moral absolutism)。認為某些生活的規則已經(在基督教中是由上帝)確立,是不能改變的,任何時代和環境的所有人都應該遵守。

道德正直性(moral integrity)。這裏是關注任何神學隱含或明確提出的道德標準。

Norma Normans sed non normata。字面意思是「作為規範的規範,但本身不受規範」。一個基督教句子,強調聖經是神學無可比擬的標準。

正統性(Orthodoxy)。正確(「對」)的意見;往往關注堅定地同意和嚴格地依從教會關於信仰的基本真理的教導。

正統實踐（Orthopraxy）。正確（「對」）的行動和實踐；往往關注不可動搖、嚴格認真地遵守某些實踐及／或實行某些責任。

平行綜合思考（parallel synthetic thinking）。一種思考，同時整體地（一個格式塔）處理資料，沒有分開研究每一個相關的部分。

似是合理的連貫性（plausible coherence）。關注提出基督教信仰的多方面意義作為互有關連的整體，而又沒有內在矛盾，在邏輯上嚴格地一致的網中避免固定。

聖靈論（pneumatology）。關於聖靈的研究和教義。

支持經文（proof-texting）。挑選和選取聖經的某些部分來支持某個特定（預先選定）的觀點的做法。

啟示出發點（revelatory starting point）。神學家首先專注於聖經和／或傳統提出的上帝的信息，然後進而確定它對人類和人類生命的含義的過程。

聖禮（sacrament[s]）。上帝不可見（屬靈）的恩典的可見（物質）記號，藉以宣告福音和福音給信徒的好處。羅馬天主教和東正教以言語和行動及／或元素確立了七個這種記號：洗禮、聖餐（主餐）、堅振、告解、婚姻、聖品和為病人抹油。更正教通常只視頭兩個禮儀為聖禮。

救恩（salvation）。上帝的恩賜，醫治（救贖、釋放、挽回、解救）人類脫離罪和罪性，令他們有上帝為他們預備的良善和憐憫的生命。人們往往將它說成只適用於個人，但救恩也是一個廣泛的詞語，用來指上帝的目的全面實現——上帝的旨意行在地上如同行在天上——建立和平、公義和喜樂，更新及／或挽回整個創造。

成聖（sanctification）。在聖靈能力的幫助下，因為對福音的感激，實現真正以愛和對上帝旨意的順從事奉的生命。

聖經（scripture[s]）。聖經；基督教的正典，包括以色列人的神聖著作（希伯來聖經或舊約）以及初期基督教的著作（新約）。

順序思考（sequential thinking）。以線性、一步一步的方式處理資料。

罪（sin[s]）。特定的言語、行為、思想或欲望，是違背或不服從上帝的旨意的。

罪性（sinfulness）。不服從上帝旨意的狀態或情況，解釋和／或引致特定的罪。

Sola scriptura。字面意思是「唯獨聖經」；更正教的話，代表致力單以聖經的權威為基礎發展和試驗基督徒生活（包括教會和它的神學）。

救恩論（soteriology）。關於救恩的研究和教義。

靈修學（spirituality）；**屬靈實踐和操練**(spiritual practices and disciplines）。在基督教神學中，與上帝、耶穌基督和聖靈有深刻和親密的關係的經驗。在宗教改革和其後的時間，更正教通常以好像**敬虔**或**虔誠**等詞取代傳統天主教**靈修學**這個詞。

模板（template）。一個類別的模式（網絡），用來將資料分類或組織成可以處理的整體。

神義論（theodicy）。嘗試解釋上帝的能力和良善怎樣可以和邪惡的經驗協調。

神學分析（theological analysis）。神學調查的一面，尋求整理和評估任何陳述和／行動中隱含或明確表達的信仰理解。

神學建構（theological construction）。神學綜合（整合）的一面，尋求對基督教信息中信仰的意義作出新的闡釋。

神學方法（theological method）。神學思考中依從的過程。也是研究來源，整理題目和材料，以及評估神學的準則。

神學思考（基督教）（theological reflection〔christian〕）。思想基督教信仰關於上帝的信息的意義的過程。

神學（theology）。字面意思是關於神（*theos*）的陳述或論述（*logos*）；也是關於神的研究和教義。一個綜合的詞彙，用來指和信仰、教會及事工有關的各種研究。這裏廣泛地並依從神學是「信仰尋求理解」這個觀點，視神學為思想、發展和陳述（以言語和／或行動）對基督教信仰中關於上帝的信息的理解。

傳統；眾數的傳統（tradition; traditions）。將信仰的意義由一個人或一代傳遞（流傳、傳達）給另一個人或另一代的活動；也指可以這樣傳遞的事物的總和。**眾數的傳統**

可以指某基督教羣體傳遞給羣體中其他人，作為信仰和忠誠的意義的特定東西。

有效性（validity）。關注神學觀點的可靠性、現實和真實（性）。

召命（vocation）。字面意思是「呼召」；上帝給予信徒要他們過奉獻、順服和事奉的生活的號召。

上帝的話（word of God）。上帝的自我揭示以信息的形式（說話、演說）來到世界。

索引

二劃

三劃

四劃

五劃

六劃

七劃

八劃

九劃

十劃

十一劃

十二劃

十三劃

十四劃

十五劃

十七劃

十九劃